# Schnittstelle Tod

## Wo stehen wir nach 40 Jahren NTE-Forschung?

Tagungsbeiträge des 4. Europäischen Seminars
am 07. November 2015 in Aachen zum Thema
Nahtoderfahrungen mit dem Serientitel:
„Schnittstelle Tod"

AF222800

## Herausgeber:

Prof. Dr. med. Walter van Laack
Facharzt für Orthopädie und Orthopädische Chirurgie, Physikalische Therapie, Sportmedizin, Chirotherapie, Akupunktur, Dozent an der FH Aachen, Campus Jülich, für Medizintechnik und Grenzgebiete der Medizin im Fachbereich Medizintechnik und Technomathematik, Buchautor

## Umschlagseite

gestaltet von meinem Sohn Martin van Laack, Master of Science in Architektur (RWTH Aachen)

© 2016 by van Laack, Aachen, Buchverlag

Alle Rechte, insbesondere des – auch auszugsweisen – Nachdrucks, der phono- und photomechanischen Reproduktion, Fotokopie, Mikroverfilmung, Computerbearbeitung, Übernahme ins Internet sowie der Übersetzung und auch jeglicher anderen Aufzeichnung und Wiedergabe durch bestehende und künftige Medien, sind ausdrücklich vorbehalten. Ausnahmen nur mit schriftlicher Genehmigung der Autoren, bzw. des Herausgebers.

Druck und Vertrieb durch
Books on Demand (BoD) GmbH, In de Tarpen 42, 22484 Norderstedt, www.bod.de
Printed in Germany

im Auftrag von:
**van Laack Buchverlag, Aachen**
www.van-Laack.de     www.vanLaack-Buch.de     www.vanLaack-Book.eu

Softcover
ISBN 978 – 3 – 936624 – 30 – 4

# Inhaltsverzeichnis

# Vorwort des Herausgebers

Nach 2009, 2011 und 2013 fand am 7. November 2015 in Aachen bereits die vierte europäische Tagung im Dreiländereck zu Nahtoderfahrungen (NTE), dem Thema Tod im Allgemeinen, und der Frage nach einem möglichen „Danach" statt.

Unter Vermeidung jeglicher Scheuklappen und Berührungsängste bekamen so von Anfang an Referenten der verschiedensten Fachrichtungen und Denkansätze ein geeignetes, offenes und gewogenes Forum geboten:
Naturwissenschaftler, Mediziner, Theologen, Philosophen, NTE-Betroffene, wie auch Vertreter manch unterschiedlicher Gruppen aus der Esoterik, konnten hier ihre Vorstellungen und Forschungsergebnisse präsentieren und diskutieren.

Das Symposium im November 2015 beschäftigte sich nun wieder mit seinen eigentlichen thematischen Wurzeln, den Nahtoderfahrungen.

NTE sind beileibe kein Phänomen der Neuzeit, wie manch ein Skeptiker gerne behauptet. Vielmehr sind sie schon seit Jahrhunderten – wenn nicht Jahrtausenden – historisch verbürgt, und vermutlich sogar seit Menschengedenken geläufig. Ihre wissenschaftliche Erforschung ist dagegen mit gerade einmal 40 Jahren blutjung.

Auch wenn sich mittlerweile sogar breit aufgestellte Medien zunehmend für NTE interessieren, so ist der Tod zumindest in unserer westlichen Gesellschaft dennoch nach wie vor erheblich tabuisiert.
Zugleich bemühen sich zahlreiche moderne Wissenschaftstheorien regelrecht, jede Hoffnung auf ein mögliches „Danach" als naiv und absurd erscheinen zu lassen.

Tatsächlich jedoch stehen gerade die kritischen Theorien auf sehr wackeligen Füßen: Zum heutigen Zeitgeist passende wissenschaftliche Erklärungen für Nahtoderfahrungen entpuppen sich mal als unzureichend, mal rundweg als falsch.
Keine einzige „physiologische" Erklärung ist bislang umfassend und auch wirklich haltbar. Allein schon deshalb fordern nicht wenige Forscher endlich einen Paradigmenwechsel für das ganze wissenschaftliche Weltbild.
Geeignete Modelle dafür gibt es bereits. Damit ließe sich die bloße „Hoffnung auf ein Danach" in ein solides „Vertrauen darauf" für jeden verwandeln, was dann sogar zu einen dramatischen *Ethikschub* in jeder Gesellschaft führen sollte, den unsere moderne Welt dringend zu benötigen scheint; denn das Vertrauen in ein persönliches Überleben des nur noch körperlichen Todes brächte auch die Gewissheit mit sich, dass letztlich wohl nichts in diesem Leben auf Dauer verborgen bliebe und womöglich auch nicht ungesühnt.

Wie bisher jedes Mal nach einer solchen Tagung im Aachener Dreiländereck, erscheint auch diesmal wieder ein Tagungsband. Mit ihm sind Sie nun einmal mehr herzlich eingeladen, sich mit diesem, einen jeden Einzelnen von uns existenziell berührenden Themenkreis intensiv auseinanderzusetzen, sich über den aktuellen Stand der Forschungen zu informieren und gerne auch kritisch mitzudiskutieren.

Dabei können die hier publizierten Beiträge hier und da durchaus ein wenig von den Inhalten der Seminarvorträge abweichen und diese damit noch ergänzen. Das ist so gewollt.

Selbstverständlich gibt auch in diesem Band einmal mehr jeder Beitrag stets nur die Sichtweise des jeweiligen Autors wieder, die durchaus nicht immer – zumindest nicht immer vollständig – mit der Sichtweise anderer Autoren oder des Herausgebers übereinstimmen muss.

Die Beitragsanordnung entspricht wie schon in den letzten Tagungsbänden der Reihenfolge der bei dem Seminar gehaltenen Vorträge – diesmal jedoch mit einer Ausnahme: Da sich die Inhalte der Tagung nun wieder einmal allein um das Thema Nahtoderfahrungen drehten, soll auch abweichend von dieser „Regel" der Beitrag von Christine Stein, in der sie ihre eigene eindrucksvolle Nahtoderfahrung schildert, den eigentlichen wissenschaftlichen Buchbeiträgen voranstehen.

Zwei treue Referenten und wissenschaftliche Begleiter des Themenkreises um NTE, die nicht zuletzt auch mir persönlich immer wieder zur Seite standen, in den nicht endenden Versuchen, Vertrauen in die heute so oft nicht sehr populäre Überzeugung zu vermitteln, dass unser Tod nicht unser persönliches Ende ist, sind seit der letzten Tagung leider von uns gegangen:

Wir trauern um Prof. Dr. Günter Ewald, Physiker und Mathematiker, früherer Rektor der Ruhruniversität Bochum, Buchautor zu Nahtoderfahrungen, Mitgründer des Netzwerks Nahtoderfahrung (N.NTE) in Deutschland und bei allen meinen bisherigen Seminaren Referent. Er starb am 9. Juli 2015 im Alter von 86 Jahren.

Und wir trauern um Prof. Dr. Ernst Senkowski, zuletzt 2011 Referent in Aachen, Physiker, „Transkommunikationsforscher" und Buchautor, der uns am 13. April 2015 im Alter von 92 Jahren verließ.

In der Gewissheit, dass sie beide nun bloß eine neue Adresse haben, wünsche ich ihnen alles Gute auf ihrem weiteren Weg.
Sicher werden wir uns irgendwann wieder begegnen.

Aachen, im Januar 2016 Prof. Dr. med. Walter van Laack

# 40 Jahre NTE-Forschung - Prolog

## Klaus Müller
### Kapitän

Beginnen möchte ich mit einem Dank an Walter van Laack!
Fachleute aus den Naturwissenschaften, der Theologie, der Medizin und Menschen mit eigener Nahtoderfahrung folgten wieder einmal dem Ruf von Professor Dr. Walter van Laack, an diesem NTE- Seminar aktiv teilzunehmen.
Dank an sie alle, dank auch an sie, die Zuhörer und Mitdenker.

Man hört zu, um sich geistig zu bereichern, zu studieren und abzuwägen. Mögen wir denn alle den rechten Weg in unseren Gedanken einschlagen und finden.

Nach 40 Jahren NTE- Forschung kann ein Wissenstand präsentiert werden, der positive Folgen für alle Menschen haben kann! Und das unabhängig von Religion, Kultur und Ideologie.
Ein endgültiges Ergebnis der Forschung kann man nicht erwarten. Zu komplex ist das Thema. Jedoch, Forschung und Studium führen zu mehr fundiertem Wissen und begründen dann den berechtigten Glauben daran.
Nahtoderfahrungen sind ein Grenzphänomen unseres Seins. Mehr und mehr werden sie auch öffentlich diskutiert. Kritik und Anerkennung gehören dazu. Sie sind eine faszinierende Tatsache, die tiefes Nachdenken fordert.

Natürlich wird auch weiterhin noch viel geforscht werden. Und ebenso wichtig sind öffentliche Diskussionen darüber. Die Existenz und Problematik der NTE muss eindringen in das Bewusstsein aller!
Die Wege zum Verständnis gehen über Geist, Körper *und* Seele.

Wir leben und denken oft in alten Mustern. Bereitschaft ist nötig zu einer Änderung des Paradigmas.
Mit dem Paradigma meine ich aktuelle Lehrmeinungen und Weltanschauungen.
Neue Muster etablieren sich nur schwerfällig. Oft genug beobachte ich das an mir selbst.
Dazu ein Zitat von *Albert Einstein*: Probleme kann man niemals durch die Denkweise lösen, durch die sie entstanden sind.

Prüfungen und Ausarbeitung von vielen Tausend NTE-Berichten – aus allen Kulturen, allen Religionen von Menschen mit allen denkbaren ethnischen Hintergründen – führten zu der hier bekannten Erkenntnis:
Bewusstsein existiert, getrennt vom Körper!
Die logische Folgerung ist klar: Ein anderes Sein beginnt mit dem körperlichen Tod!

Höre zu, höre gut zu denen, die Nah-Todes-Erfahrungen haben: Sie sind Quellen für reiche Erkenntnisse! Ein guter Grund hier zu sein.

Das Wort LIEBE wird immer wieder zur Beschreibung der NTE benutzt.
Ihr Ergebnis ist verminderte Angst vor dem Tod und echte Freude am Leben!
Alles wird immer wieder erlebt, mit und in unbeschreiblicher Liebe.
Die Einstellung zum Sein auf Erden wird verändert. Oft wird man sich erst nach Jahren der Veränderungen darüber bewusst:
Mehr Selbstvertrauen, mehr Sinn für Spiritualität, geringeres Interesse an materiellem Profit oder Status, größere Wertschätzung des Lebens – erfüllter und freudvoller.
NTE-Betroffene wurden ganz einfach netter zu anderen!

Weisheit hat hier einen besonderen Platz. Man erkennt und erahnt, was Weisheit bedeutet.
Weisheit passt gut zur Beschreibung des beschriebenen Seins nach einer NTE.

Abertausend NTE-Berichte aus aller Welt, aus allen Kulturen, dessen Sprachen und Religionen wurden gesammelt, geordnet und bewertet. Verblüffend sind die vielen Übereinstimmungen.

Es bleiben die drei großen Fragen:
Wie kommt es zur NTE?
Was ist eine NTE?
Welche Erkenntnisse und Folgen ergeben sich?
Mit Interesse kann man hören und diskutieren über Antworten und Meinungen.

Hier einige Aussagen bekannter Persönlichkeiten aus der Geschichte:
*Meister Eckart*: Seelengrund ist nicht von Gott erschaffen – er ist göttlich und ungeschaffen.
Glauben tut der, der nach Verständnis sucht. (Glaube ist nicht Denkfaulheit).
Gott ist Intellekt und Denken zugleich, und das Denken selbst ist die Grundlage seines Seins.
*Immanuel Kant*: Problematische Unterscheidung von Wissen und Glauben.
*Albert Einstein*: Realität ist eine Illusion, aber eine sehr hartnäckige. Das ganze Universum ist letztlich Information.
Es ist absolut möglich, dass jenseits der Wahrnehmungen unserer Sinne, ungeahnte Welten verborgen sind. Das Sein ist Inhalt des Universums.
Der Mathematiker *Kurt Gödel*: Der Geist ist nicht auf das menschliche Gehirn begrenzt, sondern existiert überall.
*John C. Eccles*, Hirnforscher und Nobelpreisträger: Der Geist benutzt sein Gehirn wie einen Computer.

*Johann-Wolfgang von Goethe*: Mit offenen Augen Einblick nehmen in das Bewusstsein, Freude haben an jeder Erkenntnis, nicht nur wegen der Bildung sondern wegen der Bereicherung des eigenen Seins.

*Psalm 90*: Lehre uns zu bedenken, dass wir sterben müssen, auf das wir klug werden.

*Pierre Teilhard de Chardin*: Wir sind nicht menschliche Wesen, die geistige Erfahrungen machen, sondern geistige Wesen, die menschliche Erfahrungen machen. Wir sind alle zusammen ein Gott im Werden.

*Augustinus* meinte etwa 400 n. Chr.: Der absolute Geist ist also der Inbegriff der Wirklichkeit und der Urgrund allen Seins.

*Jesus* sprach: In Gottes Haus gibt es viele Wohnungen.

Und in einer der Wohnungen enden wir. Gott sei Dank dafür.

Auf Trinitas, die Dreifaltigkeit, baut sich unser christlicher Glaube auf.
Hier meine Definition davon:
*Vater* ist Gott, das Göttliche, die Schöpfung, manche mögen es Natur nennen.
*Sohn* ist das vorbildliche Menschsein, d.h. WIR.
*Heiliger Geist* ist unser Bewusstsein, die universelle Information.

Man glaubt daran, man kann es wissen, ohne in Konflikt mit der Vernunft zu geraten.
*Sokrates* kann man folgen: Alles muss man hinterfragen!
Es ist bekannt, intuitives Wissen prägt unser Alltagsdenken.

Die Philosophie ist das Wirken von geistiger Kraft,
Physik ist die Materie, und mit der Quantenphilosophie kommt es zu einer Brücke zwischen beiden.

Glaube und Gewissheit kann man sich über entsprechende Literatur und internationale Veröffentlichungen im Internet erarbeiten. Gerne möchte ich bei der Gelegenheit besonders auf die Bücher von *Walter van Laack* hinweisen, die auch um den naturwissenschaftlichen Bereich des Phänomens NTE viel Interessantes bieten und erklären.

Es ist notwendig, den Berichten von NTElern intensiv und mit Geduld zu lauschen und deren Worte wohl abzuwägen. Immer wieder wird betont, wie schwierig es ist, das dabei Erlebte zu beschreiben.

Auch ist es wichtig, wohlüberlegt zu fragen. Eine gute Frage ist genauso schwierig zu formulieren, wie eine gute Antwort zu geben. Oft fehlen die rechten Worte für Gefühle und Gedanken.

Hier ein Zitat aus einem NTE-Bericht: „Ich habe noch Tausend andere Dinge gelernt, aber kann sie kaum in Worte fassen, denn Worte reichen dafür nicht aus!"

Die NTE- Forschung hat ein wissenschaftlich gesichertes Stadium erreicht.

Die Folgerung scheint mir logisch: *Da ist Leben nach dem Tode!*

Es zeugt von recht grober Ignoranz, dies rundweg abzulehnen.

Unsere Welt ist in seelischer Not. Drogen, Ängste, Stress, Gewalt, Religionen, Fanatismus und Rassismus bedrohen uns intensiv. Das alte Schema von Krieg zwischen Nationen ist zumindest bei uns dagegen weniger akut.

Die kraftvolle Nahtoderfahrung könnte nicht nur die Angst vor dem Sterben nehmen, sondern auch dem Leben Liebe, Sinn und Freude geben. Und dies *allen* Menschen dieser Erde.

Ein Paradigmenwechsel unseres wissenschaftlichen Weltbildes wäre ein guter Schritt auf dem Weg in Richtung Ruhe und Frieden. Die Vielfalt der Kulturen und Religionen in unserer Welt wird weiter existieren.

Kann Materie wirklich die einzige Wirklichkeit sein?
Wohl kaum. Liebe, Licht, Leben, Quantenphysik, Denken, Bewusstsein, Musik, Emotionen, Humor und Lebensfreude, all das ist göttlich und wunderbar.

Monismus oder Dualismus ist die Frage. Am Ende wird man wohl feststellen, dass beides existiert.

Die Vorträge und Diskussionen dieser Tagung werden meine Worte bestätigen, unterstreichen und auch mit Zweifel versehen. Mit Spannung schaue ich dem entgegen!

Der positive NTE- Effekt bringt einfach die nötige allgemeine Weisheit. Man braucht sich auch nicht zu scheuen, dies mit den Botschaften von *Buddha*, *Sokrates*, *Jesus* und *Meister Eckhart* zu unterstreichen.

Liebe, Freundlichkeit, gute Erziehung, ständiges Lernen und Gerechtigkeit lassen sich nicht mit Geld aufwiegen oder materiell bewerten. Weisheit umfasst all das Genannte.

Das Studium der NTE hat mein Leben bereichert und Gutes bewirkt. Es führte mich zur Hospiz-Arbeit, zu Kirchen-Dienst und innerem Frieden. (Ich muss mich jedoch ständig beobachten und berichtigen.)

Das Nah-Todes-Erlebnis wird heute und hier aus tiefem Wissen und mit Intelligenz dargeboten. Möge es denn zum Nachdenken anregen und möge das Seminar helfen, die Nahtoderfahrung der Bevölkerung näher zu bringen.

Wir haben die Möglichkeit, unsere Kenntnisse zu vertiefen um „Aha-Momente" zu erleben.

Danke hierfür!

# Nahtoderfahrung aus Sicht einer Betroffenen

## Christine Stein
**Erzieherin, Autorin**
www.christine-stein.de

Im Programm des Seminars vom 07.11.2015, „Schnittstelle Tod – Wo stehen wir nach 40 Jahren NTE-Forschung?", steht zu meiner Person: „Christine Stein – Nahtoderfahrung aus Sicht einer Betroffenen".
Der Begriff „Betroffene" stört mich in diesem Zusammenhang, denn in meinen Augen klingt er eher negativ, und das ist in Verbindung mit meiner eigenen Nahtoderfahrung auf keinen Fall richtig.

Am Freitag, den 24. März 2000, änderten sich mein Leben und die Einstellung dazu in nur einem einzigen Augenblick. Ein schwerer Verkehrsunfall, bei dem ein LKW in die Fahrerseite meines Wagens raste, auf mein Auto kippte und mich somit unter sich begrub, beendete meine bis dahin unbeschwerte Jugend im Alter von gerade 19 Jahren. Der LKW-Fahrer, der an diesem Morgen 30 km/h zu schnell unterwegs war, blieb glücklicherweise unverletzt.

Natürlich stellen sich viele Menschen immer wieder die Frage, warum dem ein oder anderen Menschen Dieses oder Jenes geschieht und warum auch derart schlimme Dinge oftmals viel zu früh?
Dazu habe ich in meinem Buch „*Like an Angel – einmal Himmel und zurück*" das Kapitel „Zufall oder Bestimmung" eingebracht.
Hierzu möchte ich anmerken, dass dies natürlich meine rein persönliche Ansicht wiedergibt, und nichts davon vermutlich wissenschaftlich belegt ist.
An dieser Stelle ein kurzer Auszug: „Wie schon erwähnt, bin ich der Meinung, dass das Leben eines jeden Menschen vorbestimmt ist und nichts durch reinen Zufall geschieht. Auch die schlimmen Erlebnisse sind in irgendeiner Art und Weise gut für uns und gehören nun einmal zum Leben eines jeden Menschen dazu. Besonders durch schlimme Erlebnisse haben wir die Möglichkeit, sehr viel zu lernen, und oftmals werden uns dadurch neue Türen geöffnet. Die Voraussetzung hierfür liegt allerdings in der Bereitschaft zum Lernen. Ich glaube, niemand sollte versuchen, seinen Plan durch irgendetwas zu beeinflussen; denn was passieren soll, wird geschehen. Niemand weiß, was und wann etwas geschieht, und das ist auch gut so; denn sonst würde mit großer Wahrscheinlichkeit jeder Mensch (mich eingeschlossen) versuchen, den Plan zu durchkreuzen, der für jeden vorbestimmt ist, und dadurch womöglich sein Leben nach dem Tod nicht im positiven Sinne beeinflussen. Für diese Vermutung habe ich keine genaue Erklärung. Ich denke einfach, dass es so ist, auch wenn ich es durch nichts beweisen kann.
Mir ist dieser Unfall passiert, und viele Menschen haben auch schon sehr, sehr schlimme, viele sogar noch weitaus schlimmere Erfahrungen machen müssen.

Doch jedes noch so traumatische Erlebnis war mit großer Sicherheit für etwas gut. Auch wenn wir es im Augenblick des Erlebens nicht wahrhaben wollen, weil wir so traurig und verletzt sind. Aber irgendwann wird jeder erfahren, warum ihm diese Dinge geschehen sind und was Gott damit bewirken wollte. Ich glaube auch, dass Menschen, die viel zu früh sterben, mit dem Tod vor sehr viel Schlimmerem bewahrt werden."

Gleich mehrere lebensgefährliche Verletzungen trug ich durch den Unfall davon und erhielt im Krankenhaus bereits die letzte Ölung, heute auch Krankensalbung genannt.
Zur besseren Vorstellung hier die Liste der Verletzungen:
- Quetschung und Riss der Lunge
- Bruch des Schlüsselbeins
- Kurzzeitige Lähmung des linken Augennervs
- Acht gebrochene Rippen
- Milzriss
- Beckenbruch
- Bruch eines Schädelknochens
- Hirnblutungen und Hirnquetschungen
- Beckenfraktur
- Riss der Hauptschlagader am Herzen

Durch diese Verletzungen drohte ich innerlich zu verbluten, doch in einer ca. vierstündigen Notoperation haben es die Ärzte geschafft, mich davor zu bewahren und versetzten mich anschließend in ein künstliches Koma.

Bezogen auf meine Komazeit, bitte ich alle Menschen, die in Kontakt mit Komapatienten stehen, genau darauf zu achten, was sie am Bett dieses Menschen sprechen. Bedenken Sie bitte, dass es durchaus möglich ist, dass der Mensch vieles um sich herum wahrnimmt, auch wenn es nicht danach aussieht, der Patient also keinerlei Regung zeigt und auch die Augen geschlossen sind.
Sprechen Sie nicht im Beisein des Patienten über seinen womöglich lebensbedrohlichen Zustand. Dank meiner Familie, die mir immer wieder Mut zusprach und mich lobte, auch wenn nur ein winziger Fortschritt zu verzeichnen war, habe ich weiter gekämpft und nicht aufgegeben, obwohl die Äußerungen der Ärzte an meinem Bett oftmals alles andere als positiv waren. Lassen Sie den Patienten am Leben teilhaben. Beschreiben Sie ihm das Wetter, erzählen Sie, was Zuhause passiert, wer angerufen hat usw. Dadurch kann er spüren, dass er nicht schon abgeschrieben ist, sondern dazugehört und lebt. Glücklicherweise ließ mich meine Familie durch ihre Worte und Gespräche an meinem Bett am Leben weiter teilhaben. Nur manche negativen Äußerungen von Ärzten konnten sie an einigen Tagen nicht verhindern, wenn Sie gerade einmal nicht bei mir waren. Diese ließen mich dann doch das ein oder andere Mal ein wenig daran zweifeln, ob ich das alles schaffen und überleben kann.

Nach nur knapp drei Wochen durfte ich das Krankenhaus bereits verlassen und wollte mich Zuhause wieder einfinden. Doch dazu kam es dann erst einmal nicht, da ich nach nur fünf Tagen zuhause erneut ins Krankenhaus eingeliefert werden musste: Die Hauptschlagader am Herzen war erneut gerissen und somit drohte ich innerlich zu verbluten und wurde nochmals notoperiert.

Während dieser erneuten mehrstündigen Operation, erlebte ich eine sogenannte Nahtoderfahrung und bin aus meinem Körper ausgetreten.
Ich berichte Ihnen von meiner Nahtoderfahrung nicht aus wissenschaftlicher oder medizinischer Sicht, sondern allein aus meiner persönlichen, also aus Sicht einer Nahtoderfahrenen.
Es ist mir sehr wichtig zu erwähnen, dass ich mein Erlebnis so beschreibe, wie ich es erlebt habe. Ich habe nichts dazu erfunden oder weggelassen, damit es sich besser anhört.
Durch meinen Bericht und mein Buch möchte ich auch niemanden missionieren oder von meinem Erlebnis überzeugen. Jeder Mensch sollte selbst bestimmen dürfen, ob und woran er glaubt.
Ganze 23 Minuten, welche mir aber deutlich länger erschienen, durfte ich Gast an dem besonderen Ort, dem Himmel, sein. Dreiundzwanzig Minuten dauerte es, bis die Ärzte mein Herz wieder selbstständig zum Schlagen bringen konnten.

Dazu hier wieder ein Auszug aus meinem Buch *„Like an Angel – einmal Himmel und zurück"*:
„So viel Neues durfte ich erleben und erfahren, sodass es mir fast unglaublich erscheint, alle diese Dinge in solch einer kurzen Zeit aufgenommen zu haben. Ich bin aus meinem Körper ausgetreten und hatte somit die Möglichkeit, eine andere Welt kennenzulernen. Damit meine ich die Welt, der wir den Namen „Himmel" gegeben haben. Ich erlebte also eine sogenannte Nahtoderfahrung (NTE, engl. Near-Death-Experience, NDE) und fand mich in einer Menge von Menschen an einem unbeschreiblich schönen Ort, dem Himmel, wieder. Zudem konnte ich mich während meiner Reise auch auf dem Operationstisch liegen sehen, nahm die Geräusche der Geräte wahr und konnte die Chirurgen sehen und hören, was sie während der Operation sprachen."
Am wertvollsten war aber die Begegnung mit meinen Großeltern mütterlicherseits. Sie begrüßten mich in ihrem „Reich", wie sie es nannten, mit meinem Namen, nahmen mich in ihre Mitte und führten mich an einige bestimmte Orte. Zuvor hatte ich die beiden leider noch nicht wirklich kennenlernen dürfen, da sie sehr früh verstorben waren. Nur mein Opa hatte mich einige Male als Baby gesehen, bevor er starb. Einer dieser erwähnten Orte war für mich in dieser Situation von großer Bedeutung. Von diesem hatte ich die Möglichkeit hinunterzuschauen.
Es schien so, als sei der Boden an diesem Ort aus Glas. Von hier aus hatte man eine Vogelperspektive. Ich konnte neben meinen Angehörigen, die in dem kleinen Wartebereich in der Nähe des Operationssaales saßen, meinen damaligen Freund erkennen. Man konnte von hier oben wirklich alles verfolgen. Obwohl die

Personen im ersten Moment sehr weit weg zu sein schienen, war es dennoch möglich, sie sehr deutlich zu erkennen und zu beobachten. Glücklich, zufrieden, voller Liebe und ganz ohne Schmerzen, so durfte ich bereits verstorbene Nachbarn, Verwandte und Bekannte sehen und erleben.

Diese Minuten, die sich in mein Gedächtnis einbrannten, empfand ich überwiegend als sehr schön. Für meine Familie wiederum waren es lange Minuten der Angst und der Ungewissheit, da niemand wusste, ob ich überleben würde.

Durch diese intensive Erfahrung kann ich heute ganz klar sagen, dass ich vor dem Tod und dem, was danach kommt, keine Angst habe. Dies darf nicht falsch verstanden werden: Natürlich wünsche ich mir so lange es geht, hier auf der Erde mein Leben zu leben und uralt werden zu dürfen. Doch wenn die Zeit dann doch irgendwann gekommen ist und ich den Ort wechseln werde, dann freue ich mich. Dank meiner Erfahrung habe ich die Gewissheit, dass es nach dem Tod weitergeht – in einer wunderschönen Welt, in der wir uns alle einmal wiedersehen werden.

Auch durfte ich erleben, dass unsere Verstorbenen die Möglichkeit haben, auf uns hinunterzuschauen. Auf eine gewisse Art nehmen sie also weiterhin an unserem Leben Teil und das unsichtbare Band der Liebe wird durch den Tod niemals unterbrochen sein.
Meine Liebe zu den wunderbaren Menschen in meinem Leben habe ich in mehreren Gedichten nach dem Unfall zusammengeschrieben. Eines dieser Gedichte trug ich nach dem Unfall im Rahmen eines selbst organisierten Dankgottesdienstes meiner Familie, Freunden, Bekannten und den Rettungskräften des Unfalltages vor:


*Tränen können helfen*

*Wenn ihr alle eine Träne wäret, würde ich nie wieder weinen,*
*aus Angst, euch alle zu verlieren.*
*Aber Gott sei Dank seid ihr keine Tränen,*
*sondern all meine Freunde.*
*Also darf ich meinen Tränen wieder freien Lauf lassen,*
*ohne Angst haben zu müssen,*
*Euch alle zu verlieren.*

*Ich weiß, dass viele von euch für mich Tränen haben fließen lassen.*
*Doch eure Tränen haben mir geholfen*
*und dafür bin ich euch sehr dankbar.*
*Ihr habt mich nicht verloren,*
*sondern könnt mich wieder bei euch behalten,*
*Denn ich wollte noch nicht von euch gehen.*

*Mit all den Tränen, die ihr und ich bis jetzt*
*und gerade in dieser schweren Zeit vergossen haben*
*und auch noch weiterhin vergießen werden,*
*könnte schon fast ein neues Meer entstanden sein.*

*Doch dieses Meer versuche ich jetzt wieder*
*durch meine Sonnenstrahlen verdunsten zu lassen.*
*Denn ein Meer ist kein schönes Meer,*
*wenn es nur durch Traurigkeit und Tränen entstanden ist.*

*Die Strahlen, welche ich jetzt wieder ausstrahlen kann,*
*weil ich froh bin, wieder hier sein zu dürfen,*
*werden das Meer schon sehr bald verdunsten lassen.*
*Denn ich habe jetzt noch mehr Wärme und Energie bekommen,*
*da ich der Sonne schon so nah sein durfte.*

*Auch für jeden von euch habe ich mir ein Stückchen Wärme*
*mitgenommen und werde weiterhin versuchen,*
*euch Wärme zu geben, wenn ihr sie von mir benötigt.*

Allen Verstorbenen, auch diejenigen, die z.B. durch Krankheit, Unfall, aber auch durch Suizid den Himmel betreten, geht es gut und sie haben keine Schmerzen mehr. Davon durfte ich mich im Himmel überzeugen. Dieses Wissen schenkt mir eine tiefe, innere Ruhe.
Dieses gewonnene Wissen versuche ich nun, u.a. durch mein Buch, an viele Menschen weiterzugeben und ihnen somit ein Stück weit die Angst vor dem Tod und vor dem, was danach kommt, zu nehmen.
Es macht mich glücklich, wenn mir Menschen per Mail, Brief oder Telefon davon berichten, dass ich sie durch mein Erlebnis zum Nachdenken und Umdenken anregen konnte. Auch teilten mir schon viele Leser mit, dass sie nun die Zuversicht gewonnen haben, dass es allen Verstorbenen an dem neuen Ort, dem Himmel, sehr gut geht, sie die Möglichkeit haben, auf uns zu schauen und wir uns an dem wunderschönen Ort alle einmal wiedersehen werden.

Meine Nahtoderfahrung hat mich zusammenfassend zu einem gelasseneren (für manche Menschen oftmals zu gelassenen) Menschen gemacht. Ich weiß nun den wirklichen Wert des Lebens zu schätzen, und so viele Dinge haben für mich an Wichtigkeit verloren. Es ist nicht selbstverständlich, die Sinne benutzen zu dürfen, gehen, sprechen und atmen zu können. Leider wurden mir erst durch den Unfall die Augen für die wirklich wichtigen Dinge im Leben geöffnet.

Zum Abschluss lese ich noch einmal aus meinem Buch einen Teil des Kapitels *„Schneeflocken im neuen Leben"*:

„Ich vergleiche die Schneeflocke mit unserem Leben:
Wir kommen auf die Erde, lassen uns an einem Platz nieder und verwandeln uns durch die Wärme anderer Menschen. Diesen Platz verlassen wir dann irgendwann aber auch wieder und haben wie die Schneeflocke unser Äußeres verändert."

Mit den besten Wünschen für ein wundervolles Leben lege ich Ihnen folgenden Satz ans Herz: „Mache jeden Tag zu deinem Freund und schenke ihm ein Stückchen deiner Liebe, denn du weißt nie, ob es vielleicht schon dein letzter Tag in dieser Welt ist."

Nachdem ich damals mein Leben fast verloren hatte, bin ich heute umso glücklicher und dankbarer, neues Leben geschenkt zu haben. 5435 Tage nach meinem Unfall durfte ich eine kerngesunde, kleine Tochter zur Welt bringen.

Christine Stein

„Like an Angel –
einmal Himmel und zurück"

ISBN 978-3-9814614-2-8
137 S. (2005)

# Nahtoderfahrung zwischen Banalisierung und Mystifizierung

## Alois Serwaty
**Vorsitzender N.NTE[1]**
www.netzwerk-nahtoderfahrung.org

## Vorbemerkungen

*Nahtoderfahrungen (NTE) zwischen reduktionistischer Banalisierung und esoterischer Mystifizierung* – dies beschreibt den Inhalt dieses Beitrags.
Er soll ein Plädoyer sein für eine realistische Sichtweise auf ein noch weitgehend unverstandenes und häufig missverstandenes Phänomen menschlichen Erlebens. Meine Ausführungen haben sicher keinen Anspruch auf Vollständigkeit hinsichtlich der Abhandlung des Themas und auch nicht auf wissenschaftlich fundierte Belegbarkeit in jedem Detail. Sie beruhen auf einer kritischen Verfolgung der wissenschaftlichen und populärwissenschaftlichen Diskussion über viele Jahre hinweg sowie auf meinen „tieferen" Einblicken in die „NTE-Szene", sowohl im nationalen und teilweise auch im internationalen Bereich. Aber auch eine auf diese Weise subjektive Sichtweise muss deshalb nicht irrational und bedeutungslos sein, sondern kann „sich wissenschaftlicher Bezüge und rationaler Argumente"[2] bedienen. Diese Anmerkungen sollen somit vor allem als Impulse verstanden werden, über die eine oder andere Fragestellung intensiver nachzudenken.

Für manch einen „Betroffenen" mögen sie irritierend sein, insbesondere für denjenigen, dessen Leben durch eine tiefgreifende und transformierende Erfahrung verändert ist, und den, der noch auf der Suche nach Erklärung und Deutung und auf dem oft schwierigen Weg der Integration der Erfahrung in das eigene Leben ist. Wer auch immer etwas zu Nahtoderfahrungen generell beiträgt – selbst mit wissenschaftlicher Kompetenz – wird deshalb nicht zugleich auch notwendigerweise dem individuellen, rein subjektiven Erlebnis gerecht werden. Generalisierende Aussagen, wie „Nahtoderfahrungen sind ‚dies und jenes' oder ‚bewirken dies und jenes'", sind im Einzelfall immer kritisch zu hinterfragen. Der Theologe und Psychologe Anton Bucher weist auf die Defizite quantitativer Skalen zur Messung von Spiritualität hin: „Zahlreiche Aspekte von Spiritualität…werden [darin] nicht erfasst."[3] Dies gilt ebenso für Skalen zur „Messung der Tiefe" von Nahtoderfahrungen.[4] Meine eigene „Außerkörper-/Nahtoderfahrung" fand ich in diesen Skalen nur begrenzt repräsentiert, da sie Facetten nicht erfassen, die quantitativ gar nicht oder nur schwer greifbar sind.

---

[1] N.NTE = Netzwerk Nahtoderfahrung Deutschland
[2] Thielicke, H., „Mensch sein – Mensch werden. Entwurf einer christlichen Anthropologie", München 1976, S. 19
[3] Bucher, A., „Psychologie der Spiritualität", Handbuch Weinheim, Basel 1. Auflage 2007, S. 25
[4] Am bekanntesten ist hier die „Near-Death Experience Scale" von Bruce Greyson: http://uvamagazine.org/articles/altered_states/, aufgerufen am 13.12.2015

Die Frage der persönlichen Deutung und Bedeutung – und damit auch der Aspekt der Integration der Erfahrung in das eigene Leben – ist zunächst einmal eine sehr persönliche *Entscheidung*. Der Nahtoderfahrene hat zwar die Freiheit, der eigenen Erfahrung einen Wert zu verleihen, der über eine rationale Analyse hinausreicht. Wissenschaft kann hier nur dazu beitragen, den Akt des Verstehens auszulösen und – mit aller Behutsamkeit – Sinngehalte einsichtig zu machen. Nahtoderfahrungen „gehören" folglich zunächst einmal allein dem Betroffenen, nur er selbst hat dafür eine „Deutungshoheit"!

So darf jeder Betroffene zu seiner persönlichen Erfahrung stehen, sie ist ein Teil seiner Biographie und Identität, die ihm keiner nehmen kann. Eine Überhöhung und Verabsolutierung der persönlichen Erfahrung ist aber ebenso problematisch wie deren Bagatellisierung, auch dann, wenn letztere unter Berufung auf wissenschaftliche Forschungen erfolgt. So haben beide Seiten Verantwortung im Umgang mit diesen außergewöhnlichen Erfahrungen.

Erfahrung und rationale Reflexion sind zwei Seiten derselben Medaille.


## Zwischen Banalisierung und Mystifizierung

Der Schweizer Zoologe und Verhaltensforscher *Adolf Portmann* schreibt in seinen Essays zu *Biologie und Geist*: „Auf Personen, aber auch auf Erscheinungen oder Ereignissen, denen man nicht Herr wird, reagieren viele auf zweierlei Weise: mit Überhöhung oder Bagatellisierung."[5]

In vergleichbarer Weise hat *Werner Zurfluh* die Problematik zum Ausdruck gebracht: „Für die einen sind Eigenerfahrungen völlig bedeutungslos. Andere neigen dazu, sie aufzubauschen, denn gerade aus der unmittelbaren spirituellen Erfahrungsdimension erwächst oft ein Elitarismus und Dogmatismus besonderer Ausprägung."[6] In beiden Zitaten spiegelt sich die im Thema aufgezeigte Polarität in prägnanter Weise wider.

Nach den Veröffentlichungen von *Elisabeth Kübler-Ross* von *Raymond Moody's* Buch *„ Life after Life"*[7] traten diese Erfahrungen auch zunehmend in den Fokus der wissenschaftlichen Forschung – zunächst in Amerika, später auch in Europa.

Auf die wissenschaftlich kontrovers geführte Diskussion will ich hier nur ansatzweise eingehen. Dazu folgen weitere Beiträge in diesem Band. Es gibt über 20 verschiedene Hypothesen, diese Phänomene rein naturwissenschaftlich zu erklären. Dabei vollzieht sich sowohl die wissenschaftliche als auch die populärwissenschaftliche Diskussion vor dem Hintergrund der über 2000 Jahre ungelösten Leib-Seele Thematik mit den beiden Kernfragen: Inwiefern können der Geist oder die Seele des Menschen unabhängig von einer Bindung an die

---

[5] Portmann, A., „Biologie und Geist", Suhrkamp Taschenbuch 124, Erste Auflage
[6] Zurfluh, W., „Quellen der Nacht. Neue Dimensionen der Selbsterfahrung", Interlaken, 1983. S. 37
[7] die deutsche Fassung trägt den Titel: „Leben nach dem Tod"

neuronalen Netze – also ihre materiellen Korrelate – existieren? Produziert das Gehirn das Bewusstsein oder ist es nur eine Art Empfänger?

Und noch ein weiterer Fragenkomplex ist damit verbunden: nämlich die Frage nach der Kontinuität des menschlichen Ich über den Tod hinaus (postmortal).

Dazu kommen die Erkenntnisse und Interpretationen der modernen Physik, aber auch der Parapsychologie, und dem daraus heute resultierenden, veränderten Wirklichkeitsverständnis zur Natur von Materie, Energie und Geist.

Der Versuch einer Erklärung und Deutung dieser Phänomene vollzieht sich damit in einem Spannungsbogen zwischen zwei Extremen: entweder werden sie sozusagen als *„Ausbruch von unten"*, und damit als Ausdruck neuronaler Aktivitäten, komplett (weg-)erklärt – dann ist es nichts anderes als die Konstituierung einer Phantasiewelt. Oder sie werden – und dies ist dann das andere Extrem – als unmittelbarer *„Einbruch des Geistes von oben"* betrachtet. Dann werden sie zu einer „Jenseitsreise" mit einem „objektiven" Blick in eine andere Wirklichkeit und zu einem „realen" Aufenthalt in einer anderen Welt. Die diametral unterschiedlichen Erklärungs- und Deutungsansätze lauten folglich: Entweder es sind innerweltlich irreale Erfahrungen oder ein Beweis – oder zumindest Hinweis – für eine transzendente oder metaphysische Realität.

### Die „Banalisierung" der Nahtoderfahrung

Die Banalisierung – wir könnten auch von Trivialisierung oder Marginalisierung sprechen – sehe ich insbesondere in folgenden Aspekten:

Durch die Reduktion auf *ausschließlich* biophysikalische und biochemische Prozesse, wie sie insbesondere durch den Mainstream einer naturalistisch geprägten Naturwissenschaft und in der Medizin betrieben wird, werden die inneliegende Sinndimension und die immense Transformationskraft dieser Erfahrungen gänzlich missachtet. Schließlich ist es sehr viel einfacher, Nahtoderfahrungen mit Halluzinationen gleichzusetzen, anstatt einmal die Frage zu stellen, warum sich das eine lebensweltlich und empirisch so anders auswirkt als das andere. So wird ernsthaft die „Fotografierbarkeit" solcher Erfahrungen gefordert, d.h. die unmittelbare Nachweisbarkeit z.B. durch bildgebende Verfahren in der Hirnforschung. Ich möchte hier nicht falsch verstanden werden: Selbstverständlich können diese Erfahrungen mit physiologischen Prozessen einhergehen. In vielen Fällen ist dies auch wahrscheinlich; und solche Prozesse müssen erforscht werden. Der Unterschied liegt jedoch in dem Wort „ausschließlich", obwohl es für diese „Ausschließlichkeit" keine Beweise gibt oder sogar selbst auszuschließen ist. Darüber hinaus stellt sich natürlich die Frage, ob korrelierende physiologische Prozesse erklärende Ursache, bis zu einem gewissen Grad notwendige Begleitphänomene oder „nur" Auslöser dieser Phänomene sind.

Eine weitere Form der Banalisierung besteht in der (Psycho-)Pathologisierung dieser Erfahrungen: Sie werden folglich als „komplexe Halluzination" (*Christian Hoppe*), als „Durchgangsyndrom" (*Manfred Lütz*), als „Fehlfunktionen des Gehirns" (*Gerhard Roth*), als „Depersonalisation" etc. betrachtet oder mit dem Krankheitsbild der Epilepsie (*Olaf Blanke*) in Verbindung gebracht. Nicht selten erfolgt eine solche Einordnung unter Berufung auf singuläre empirische Studienergebnisse, die jedoch viele inkonsistente Einzelergebnisse erbringen. Sie alle haben aber nur einen eingeschränkten Erklärungswert. Auch wenn von medizinischer Seite im unmittelbaren Umgang mit Patienten, die über eine Nahtoderfahrung berichten, heutzutage sicherlich vorsichtiger umgegangen wird, so spüren Nahtoderfahrene sehr deutlich, ob im Hintergrund nicht doch eine solche Einordnung mitschwingt.

Der Kulturwissenschaftler und Ethnologe *Hans Peter Duerr* – nicht der 2014 verstorbene Physiker Hans Peter Dürr – schreibt in seinem aktuellen Buch *„ Die dunkle Nacht der Seele – Nahtoderfahrungen und Jenseitsreisen"*, „dass ‚Nahtoderfahrungen' zwar keine gewöhnlichen Halluzinationen sind, aber dennoch im Wesentlichen Pseudowahrnehmungen mit einem einzigartigen Realitäts-charakter darstellen, die wir selber produzieren, auch wenn sie mitunter zutreffende ‚parapsychische' Informationen enthalten mögen."[8]
Eine merkwürdige Widersprüchlichkeit kennzeichnet diese Aussage, und einen Beweis oder eine plausible Begründung hierfür liefert H.P. Duerr nicht.

„Beliebt" ist auch die Ignorierung von phänomenalen Aspekten sowie von Argumenten, die in ein naturalistisches Weltbild schlichtweg nicht hineinpassen. Wer die Außerkörperlichkeit bei Außerkörpererfahrungen (engl. Out-of-Body-Experiences, OBE) nur als eine „gefühlte" und nicht als eine „objektiv" wahrgenommene Außerkörperlichkeit betrachtet, ignoriert fahrlässig oder gar bewusst die zahlreichen Fälle, in denen verifizierbare Beobachtungen in der Außerkörperlichkeit gemacht wurden.
Ich gestehe gerne ein, dass die Beobachtungen nun nicht mit letzter Beweiskraft, aber mit einem hohen Maß an Plausibilität mit einem Nahtod- oder außerkörperlichen Erlebnis – vielleicht auch im Zustand des klinischen Todes – unmittelbar verbunden werden können. Angesichts der Vielzahl dieser Fälle stellt sich jedoch die Frage, bei wem denn nun die Nachweispflicht besteht.
Ich würde die Begründungspflicht und die Beweislast denen zuweisen, die etwas leugnen, was nach meiner Erfahrung einfach der Fall ist.
Zumindest aber muss diese Beweislast gerecht verteilt sein – so der Theologe, Philosoph und Hochschullehrer *Godehard Brüntrup*.

Noch ein weiterer Fall der Banalisierung ist auch oft anzutreffen: Es sind dies pseudowissenschaftliche Erklärungs- und Deutungsversuche, wie wir sie nicht nur in der Esoterik, sondern auch bei dem ein oder anderen Wissenschaftler antreffen.

---

[8] Duerr, H.P., „Die Dunkle Nacht der Seele. Nahtoderfahrungen und Jenseitsreisen", Berlin (2013)

Ich meine hier z.B. die Erklärung und Deutung des Licht- und Tunnelphänomens als relativistischen „Searchlight-Effekt" (Suchscheinwerfer-Effekt), wie sie z.B. der Heidelberger Biophysiker *Markolf Niemz* in seinen populärwissenschaftlichen Lucy-Romanen vertritt. Eine solche Deutung mag für die ein oder anderen Betroffenen und den in der Physik wenig bewanderten Laien zwar überzeugend klingen, bei einer näheren Betrachtung hilft sie aber nicht weiter, da sie der Phänomenologie und der Sinndimension des Tunnel- und Lichterlebnisses nicht gerecht wird. Damit führt sie eher in eine intellektuelle und spirituelle Sackgasse. Sie verkennt die Richtungssymbolik des Tunnels (oder vergleichbarer Bilder) als den Übergang/Durchgang „der sich nunmehr beim Tode ablösenden Seele, auf dem vermuteten Weg der Seele in jenseitigen Welten und schließlich auf die finale Bestimmung der Seele als dem ihr zugedachten oder bestimmten Ort des Seins oder Nichtseins."[9] Sie verkennt die „Begegnung mit dem lebendigen Licht" als mystische Erfahrung.

Eine quantenphysikalisch oder relativistisch erklärbare Wirklichkeit wäre noch immer eine immanente Wirklichkeit oder, wie *Hoimar von Ditfurth* es in eigenartiger Widersprüchlichkeit bezeichnet, eine „diesseitige („weltimmanente") Transzendenz." Im christlichen Sinne und in theologischer Terminologie wären diese Erfahrungen immer noch ein Teil der Schöpfungswirklichkeit und (noch) nicht einer christlich verstandenen Erlösungswirklichkeit.

### Die „Mystifizierung" oder Glorifizierung der Nahtoderfahrung

Der reduktionistischen Banalisierung stehen nicht selten eine Überhöhung sowie eine distanzlose und wenig reflektierte Deutung der individuell-subjektiven Erfahrung, aber auch des Gesamtphänomens Nahtoderfahrung und vergleichbarer Erlebnisse[10] gegenüber.

Aus der subjektiv-persönlichen Erfahrung und dem überreligiösen und überkulturellen Charakter einer Nahtoderfahrung wird dann ein Standpunkt einer „Superposition" abgeleitet, der alle anderen Erkenntniswege, insbesondere den der religiösen Wahrheitssuche als minderwertig und defizitär betrachtet.

Die subjektive Erfahrungsgewissheit wird gleichgesetzt mit einem objektiven Wahrheitsgehalt und das Erlebte wird als 1:1 Realität verstanden, folglich verabsolutiert. Die Erfahrung einer spirituell-transzendenten Wirklichkeit gerät dann zu einer Art „Reiseführer" in ein reales Jenseits, zu einer Reise, von welcher der Betreffende mit einer nicht hinterfragbaren Gewissheit zurückkehrt. Die Frage lautet dann nicht mehr, was ist wahr oder zumindest plausibel, was ist in seriöser Weise sagbar, sondern es zählt nur noch die Frage, ob das Erlebte und dessen subjektive Interpretation als „stimmig" für sich selbst empfunden wird. Das

---

[9] Lauf, D.L. in: Stephenson, G. (Hg.), „Leben und Tod in den Religionen. Symbol und Wirklichkeit", Darmstadt 1980, S. 88
[10] Als vergleichbare Erfahrungen seien hier Sterbebettvisionen (SBV) und Nachtod-Kommunikations-phänomene (NTK) verstanden.

Problem liegt nicht in der Erfahrung selbst – diese kann niemandem abgesprochen werden – sondern in deren subjektiven Deutung, wenn diese nicht rationaler Überprüfung und Argumentation unterworfen wird.

Nahtoderfahrungen sind in ihrem Kern höchst individualistisch und stärken eher nonkonformistische Verhaltensweisen bis hin zum Eskapismus, also einem vor der Realität ausweichenden Verhalten. Institutionelle Strukturen und Vorgaben – folglich auch Dogmen weltanschaulicher und religiöser Art – stoßen bei Nahtoderfahrenen nicht selten auf „allergische" Abwehrreaktionen. Diese Form individualistischer und exklusiver Spiritualität fördert nicht notwendigerweise Gemeinschaftssinn und Gruppenzugehörigkeit. Der Weg in esoterische Konzepte mit der Botschaft „Ich bin (jetzt) etwas ganz Besonderes" oder „Du bist etwas ganz Besonderes" ist sehr schnell beschritten. Eine Nahtoderfahrung kann hier verstärkend wirken, sie muss es jedoch nicht unbedingt. Insbesondere Angehörige des Bildungsbürgertums scheinen heute als "spirituelle Wanderer" (Sinus-Studie) solchen Verlockungen in besonderer Weise ausgesetzt zu sein.

Vielleicht fragen sich jetzt zurecht: Stehen diese Aussagen nicht im Widerspruch zu den inzwischen gut belegten Ergebnissen der Nachwirkungsforschung, die Nahtoderfahrenen ein überdurchschnittlich gesteigertes Maß an Empathie und Altruismus, an sozialer Verantwortung, an Liebe zur Natur, an einem geringeren Maß an materieller Orientierung, etc. zumessen? Ich will dies nicht in Frage stellen. Es gibt aber auch andere, wenig thematisierte und untersuchte Facetten.

Nicht wenige Nahtoderfahrene verlieren die Grenzen zu sich selbst und zu anderen. Sie sind regelrecht von einem „Missionierungs-Auftrag" erfüllt. Eine Nahtoderfahrung kann alles außer Kraft setzen und die Menschen in Phasen bringen, in denen sie jeden Halt verlieren, wenn der notwendige spirituelle Reifungsprozess nicht gelingt. Sie klammern sich dann an utopistische Gesellschaftsmodelle oder die Beliebigkeit pseudospiritueller Konzepte aus dem vielfältigen Angebot spiritueller „Gemischtwarenläden".

Im Jahre 2011 wurde die Durchführung eines „Bewusstseinskongresses" unter Berufung auf spirituelle Erfahrungen – und implizit auf Nahtoderfahrungen – wie folgt angekündigt: *„Die Menschheit ist unterwegs in eine neue Phase der Evolution. Ein neues Bewusstsein entfaltet sich. Mit beispielloser Intensität ruft es uns auf zu globaler Verantwortung und mitfühlender Verantwortlichkeit. Angesichts der gegenwärtigen Weltsituation und der offensichtlichen Unfähigkeit religiöser und politischer Institutionen, nachhaltigen Frieden und Harmonie zu schaffen, ist eine globale Spiritualität ... zu einem epochalen Bedürfnis geworden, zur Aufgabe, uns mit unseren spirituellen Quellen zu verbinden."*

Wer könnte einer solchen Vision, auch wenn sie offenkundig im deutlichen Gegensatz zur Realität steht, nicht vorbehaltlos zustimmen? Sehnen wir uns nicht alle nach der verlorenen Einheit, die wir mit Recht auch Liebe nennen können? Wird in dieser Sehnsucht nicht der Versuch des Menschen erkennbar, die Grenzen zu überschreiten, die ihn als Teil der Schöpfung vom Ganzen, von der Einheit trennen? Die Problematik des angekündigten Kongresses liegt jedoch darin, dass es bei einer reinen Deklamation bleibt und spirituelle Erfahrungen hier für Zwecke instrumentalisiert werden, für die sie tatsächlich gar nicht stehen, insbesondere nicht für kommerzielle Zwecke.

*„Nahtoderfahrungen eignen sich nicht für die Konstruktion eines religionsphilosophischen Systems"*, so der evangelische Theologe und ehemalige Pfarrer *Wennemar Schweer*.[11] Dafür sind sie viel zu unterschiedlich, vielfältig und gegensätzlich.

Sie eignen sich auch nicht für die Konstruktion gesellschaftspolitischer Konzepte, gleich welcher Art. Auch ein tiefes Lichterlebnis und die Erfahrung grenzenloser Liebe vermag eigennütziges Verhalten nicht auszuschließen.

Von der Verbundenheit, mit allen und allem ergriffen sein und dennoch die Grenzen unseres Solidarsystems zu testen und bisweilen auszunutzen, die eigene Erfahrung zur medialen Selbstinszenierung und Pflege exzessiver Egozentrik zu nutzen, dies ist für den ein oder anderen Nahtoderfahrenen überhaupt kein Problem. Anspruch und Wirklichkeit stimmen auch hier nicht immer überein.

Es hieße, diese Erfahrungen zu überfordern und zu missbrauchen, wenn wir sie als Hoffnungsträger für eine Weltverbesserung verstünden, auch wenn „kein Zweifel bestehen [kann], dass wir den Auftrag haben, diese fragwürdige Welt ein wenig gerechter, ein wenig freier, ein wenig satter zu machen."[12] Nahtoderfahrungen versprechen nicht den Himmel auf Erden, aber Nahtoderfahrene sind nicht davor gefeit, aus ihrer außergewöhnlichen Erfahrung heraus einen solchen „Auftrag" abzuleiten. Der Psychologe und Nahtod-Forscher *Kenneth Ring* gesteht Nahtoderfahrungen die Fähigkeit des „ansteckenden Virus" zu. Er will damit deutlich machen, dass diese Erfahrungen nicht nur individuelle Wirkkraft entwickeln, sondern ebenso auf den Nicht-Erfahrenen „überspringen" und positive Impulse für dessen eigene Lebensführung auslösen und damit auch eine gesamtgesellschaftliche Relevanz entwickeln können.

Aber hier sei an die Mahnung des Theologen *Helmut Thielicke* erinnert: *„Wer den Himmel auf Erden versprach, hat diese Welt noch immer zur Hölle gemacht."*[13] Nahtoderfahrungen können als spirituelle Erfahrungen die Grundhaltung und die Richtung aufzeigen, in die es ethisch vertretbar gehen sollte, was ideal und erstrebenswert wäre. Aber sie können nicht das Dilemma auflösen, dass eine alltagstaugliche Ethik zwischen konkurrierenden Werten, Interessen und Pflichten abwägen muss. Dies gilt sowohl individuell, als auch kollektiv.

---

[11] Vergl. W. Schweer, pers. Mitteilung vom Februar 2011
[12] Thielicke, H., „Mensch sein – Mensch werden. Entwurf einer christlichen Anthropologie", München, Zürich (1976), S. 380
[13] Ebenda, S. 380

Ich möchte an dieser Stelle nicht falsch verstanden werden.

Nahtoderfahrungen und deren Nachwirkungen sind äußerst ambivalent, die Inhalte sehr vielfältig. Dennoch lassen sich gemeinsame Sinnstrukturen auszumachen.

Ich kenne viele Berichte und Menschen mit solchen Erfahrungen persönlich. Wenn diese im geschützten Kreis über ihre Erfahrung und deren Auswirkungen berichten oder in einem Erstkontakt am Telefon, dann berühren diese Erfahrungen mich auch heute noch zutiefst. Niemand kann sich den Eindrücken dieser persönlichen Erlebnisberichte entziehen.

Aber „Betroffene" dürfen nicht erwarten, dass ein Dritter, der eine solche Erfahrung nicht gemacht hat, die Erfahrung versteht und damit etwas anfangen kann. "Lost in Translation": Die Erfahrung verliert sich sozusagen in dem Übersetzungs- und Vermittlungsversuch des Erlebten. Deshalb können sie auch einsam machen, und deshalb ist ihre „Infektionswirkung" auch begrenzt.


**Offene Fragen**

Trotz aller Forschung in den vergangenen vierzig Jahren hinterlassen Nahtoderfahrungen noch immer mehr Fragen als Antworten. Dies beginnt bereits bei vordergründigen Fragen, wie z.B. nach deren Häufigkeit.

Zwei Studien, je eine in Nordamerika sowie im deutschsprachigen Raum[14], lassen vermuten, dass ca. vier bis fünf Prozent der Bevölkerung solche oder vergleichbare Erfahrungen gemacht haben. Dies bedeutete, dass in Deutschland zwischen drei und vier Millionen Menschen davon „betroffen" sind.

Die Problematik liegt jedoch darin, dass die Studien nur bedingt vergleichbar sind und deutliche methodische Schwächen aufzeigen. So ist nicht einmal der Begriff „Nahtoderfahrungen" eindeutig definiert, bzw. es wird dem Befragten überlassen, was er selbst unter einer Nahtoderfahrung versteht. Damit sind auch halluzinative und albtraumartige Erfahrungen oder sonstige Berichte aus dem weiten Feld spiritueller und außergewöhnlicher Erfahrungen in die Studien eingeflossen. Für andere Kulturräume als dem westlichen, zum Beispiel aus dem islamischen Raum, fehlen solche Häufigkeitsstudien völlig.

Warum berichten nur relativ wenige Patienten nach Herzstillstand und Reanimation über eine Außerkörpererfahrung (OBE) oder Nahtoderfahrung?[15]

In den wenigen prospektiven Studien, die bisher vorliegen,[16] liegt die Anzahl der Berichte über eine erlebte Nahtoderfahrung im klinischen Kontext im unteren

---

[14] Knoblauch, H., H.G. Soeffner, „Todesnähe. Interdisziplinäre Zugänge zu einem außergewöhnlichen Phänomen", Konstanz 1999

[15] Während einer Podiumsveranstaltung zum Thema „Organspende und Nahtoderfahrung" frug mich ein bekannter (Transplantations-)Mediziner nach der Anzahl der Menschen mit Nahtoderfahrungen. Mit Verweis auf eine Studie antwortete ich: ca. 3-4 Millionen Menschen in Deutschland. Die Antwort erstaunte ihn, und er zog sie mit dem Argument in Zweifel, dass ihm Patienten noch nie über eine solche Erfahrung berichtet hätten.

[16] Erwähnt seien hier nur zwei Studien: die „van Lommel-Studie" (in: „Endloses Bewusstsein", 2007) und die AWARE-Studie (Awareness under Rescucitation) von Sam Parnia (USA, 2014).

dreistelligen Bereich. Dem gegenüber gibt es mittlerweile schätzungsweise zehntausende von anekdotischen Berichten, die nicht selten im Internet veröffentlicht oder darüber gesammelt wurden und deren Echtheit schwierig zu überprüfen ist. Persönlich erlebe ich immer wieder, dass selbst Menschen aus dem engeren oder weiteren Bekanntenkreis unerwartet über eine solche persönliche Erfahrung berichten, wenn sie spüren, dass der Gesprächspartner dafür offen ist. Die Evidenz dieser Erfahrungen ist damit so überwältigend, dass an deren Existenz nicht zu zweifeln ist. Sie können nicht mehr als Lügengespinste abgetan werden. Dennoch können wir nur mehr oder weniger plausible Vermutungen über die wirklichen Gründe der Diskrepanz zwischen den Ergebnissen von prospektiven Studien und anekdotischen Berichten anstellen.

Wichtiger als diese quantitativen Aspekte sind die phänomenologisch offenen Fragen. Warum erhalten die Eltern eines entführten und vermutlich ermordeten Kindes keine Botschaft, die zumindest ein wenig Trost und Klarheit spenden könnte? Warum „verabschiedet" sich die Seele eines solchen Kindes nicht von Vater und Mutter oder den Geschwistern, obwohl wir doch viele Berichte von Erwachsenen kennen, in denen dies offenkundig geschieht? Warum ist es nicht möglich, dass die entleibte Seele im außerkörperlichen Zustand dem Arzt nicht die flehende Bitte übermitteln kann, die Rettungsbemühungen einzustellen, obwohl sie dies möchte? Wir können auch hier nur Vermutungen anstellen. Und dann ist da noch die Theodizee-Frage: Nahtoderfahrungen geben keine Antwort auf die Frage, woher kommt das Leid, das Böse in dieser Welt.

Die Fragen ließen sich fortsetzen. Das Geheimnis enthüllt sich offenbar nur als Geheimnis. Selbst wenn man alle Erkenntnisse und Forschungsergebnisse über NTE, die vorliegen, zusammenfassen würde, blieben mehr Fragen offen als Antworten. Die wirkliche Natur dieser Erfahrungen wäre damit noch nicht erkannt. Ich kann hier Godehard Brüntrup, der selbst durch einen tief transformierenden Lebensrückblick in einer Nahtoderfahrung geprägt ist, sehr gut zustimmen, wenn er vorschlägt, die grundsätzlichen wissenschaftlichen Fragestellungen und Forschungen zwar weiter zu verfolgen, den Fokus der Betrachtung jedoch stärker auf die Erlebnisse selbst zu richten.

## Aspekte einer realistischen Einordnung [17]

Ich möchte zum Schluss noch einmal auf den Verhaltensforscher Adolf Portmann (1897-1982) zurückkommen. Er spricht in seinen Essays zu „Biologie und Geist" von zwei extrem verschiedenen Quellen menschlichen Geisteslebens: dies sind die „Imagination", also das intuitive Erleben des Menschen auf der einen Seite und die

---

[17] Der Verfasser hat seine Einordnung dieser Erfahrungen an anderer Stelle thesenartig zusammengefasst. Sie finden die 14 Thesen in: Serwaty A. & J. Nicolay: „Impulse für das Leben aus Nahtoderfahrungen, Tagungsbeiträge 2011", Santiago Verlag Goch (2012)

„Erfahrungsart des rationalen Denkens" auf der anderen Seite: *„Diese zwei Erfahrungsweisen stehen in polarem Gegensatz; sie sind stete Glieder des Humanen – wir müssen sie daher in der Spannung der Gegensätzlichkeit ernst nehmen und dürfen nicht die ein oder andere als die wertvollere, als die zu bevorzugende gelten lassen. "*[18]

Wie werden wir nun diesen Erfahrungen gerecht, ohne sie auf der einen Seite zu bagatellisieren oder auf der anderen Seite zu überhöhen? Was sind nun Aspekte einer Sichtweise auf diese Erfahrungen, die sowohl den wissenschaftlich gesicherten Erkenntnissen, den offenen Fragen, aber auch dem Erleben des Menschen gerecht werden?
Einen Lösungsansatz zeigt das oben angeführte Zitat auf. Es ist im Wesentlichen eine Frage unseres Menschenbildes. Nur im Bewusstsein der physischen, geistigen und spirituellen Natur des Menschen gelingt es, diesen Erfahrungen gerecht zu werden und sie in ein sinnvolles Leben zu integrieren.
Sie sind Beleg dafür, dass unser Leben nicht in sich selber gründet.

Unverzichtbar scheint mir eine gewisse Form von „Demut" diesen Erfahrungen gegenüber zu sein. Dies erfordert Vorsicht und Zurückhaltung gegenüber voreiligen Erklärungs- und Deutungsversuchen, die sowohl auf Seiten der radikal-subjektiven Sicht des Nahtoderfahrenen, als auch auf Seiten der vermeintlich „objektiven" Perspektive des Außenstehenden abgeleitet werden – insbesondere aber aus Forschungsergebnissen, die nur Teilaspekte berühren und dann ungeniert auf das Gesamtphänomen übertragen werden. Wir müssen uns noch mit Teilergebnissen begnügen und das Gesicherte vom Hypothetischen trennen.
Alles andere sind voreilige Versuche, geboren aus dem Wunsch, *„jetzt bereits Bescheid zu wissen, in einer der schwersten Frage der Anthropologie. "*[19]
Damit ist dem Versuch einer ganzheitlichen Sichtweise auf diese Erfahrungen, wie sie an anderer Stelle in diesem Buch (sowie in weiteren Publikationen) durch *Walter van Laack* entwickelt wird, keine Absage erteilt – im Gegenteil.

Der Wert und die Stärke dieser Erfahrungen liegen wohl nicht so sehr in ihrem objektiven Erkenntnisgewinn, sondern in ihrer inneren Überzeugungskraft, in ihrer *„subjektiv gesicherten Erfahrungsgewissheit"* (Werner Zurfluh), die damit verbunden sein kann. Es sind wichtige Phänomene, weil sie Menschen radikal verändern können (Godehard Brüntrup). Es sind interessante Phänomene, weil sie zu einem Perspektivenwechsel im Hinblick auf unser Menschenbild und unser Weltbild einladen.

Nahtoderfahrungen sind insbesondere in der Deutung nicht völlig „trugfrei". Irritierend und die Erklärung und Deutung erschwerend sind das komplexe Gefüge unterschiedlicher Phänomene, die äußerst vielfältigen Vermischungen, Übergänge

---

[18] Portmann, A., „Biologie und Geist", Suhrkamp Taschenbuch 124, Erste Auflage (1968) S. 99
[19] ebenda, S.52

und Grauzonen zwischen den physiologischen, (para-) psychologischen, symbolischen und transzendenten Elementen sowie die divergierende Vielfalt der Erlebnisinhalte.

Gerade in dieser inneren Komplexität und Deutungsoffenheit liegt ihre Faszinationskraft begründet. Mit Recht fordert daher der Theologe und Psychologe *Bernhard Grom*, dass diese Erfahrungen sich den gleichen Plausibilitätsmaßstäben unterziehen müssen, wie normalbewusste Überlegungen auch.

„Nicht: Intuition *statt* Reflexion" sondern ganzheitlich: Intuition *mit* Reflexion".[20] Anstelle von ‚Intuition' können wir auch ‚(Nahtod-)Erfahrung' setzen.

Beide Erkenntniswege, Erfahrung und Reflexion – ich wiederhole mich – dürfen nicht verabsolutiert werden, sondern müssen gemeinsam wirksam werden.

Den eigentlichen Maßstab, an dem wir Nahtoderfahrungen messen sollten, und das eigentlich „Spektakuläre" dieser Erfahrungen hat der Mediziner und Mystiker *Carl Albrecht* wie folgt zum Ausdruck gebracht: *„Die Erfahrungen sind wahr und wichtig, wenn sie das unwillkürliche Anwachsen der Liebe bewirken."*[21] Oder anders formuliert: *„An ihren Früchten sollt ihr sie erkennen."* (Mt 7,16)

<u>Bücherauswahl von Alois Serwaty & Dr. Joachim Nicolay (Hrsg.):</u>

„Nahtod und Transzendenz"
Santiago (2008)
ISBN 978-3937212227

„Nahtoderfahrung –
Neue Wege der Forschung"
Santiago (2009)
ISBN 978-3937212333

„Begegnung mit Gott?
Nahtoderfahrung und Mystik"
Santiago (2010)
ISBN 978-3937212418

---

[20] Grom, B., „Hoffnungsträger Esoterik?" Topos plus Band 435 (2002) S. 114
[21] Fischer-Barnicol, H.A.,„C. Albrecht. „Das Mystische Wort. Erleben und Sprechen in der Versunkenheit",
Mainz (1974) S. 128

„Begegnung mit Verstorbenen?"
Santiago (2011)
ISBN 978-3937212494

„Impulse für das Leben aus Nahtoderfahrungen."
Santiago (2012)
ISBN 978-3-937212-53-1

„Nahtoderfahrungen und Bewusstseinsforschung,
Argumente für ein anderes Menschenbild"
Santiago (2013)
ISBN 978-3-937212-55-5

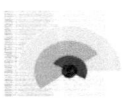

# netzwerk nahtod-erfahrung e.V.

German Friends of the International Association for Near-Death Studies (IANDS) - gegr. 2004

# Ist das Verhältnis zwischen Naturwissenschaften und Religion widersprüchlich oder komplementär?

## Paul Robbrecht
Kath. Priester & Theologe, NTE-Forscher (B)
IANDS-Belgien: Limen (Flandern)
www.bijnadoodervaring.be

*„Wissenschaft ohne Religion ist gelähmt, Religion ohne Wissenschaft ist blind"*
*Albert Einstein*

## Verantwortung

Im Jahr 1979 las ich einen längeren Artikel über Leute, die "etwas gesehen hätten", als sie in ein tiefes Koma versenkt wurden. Es war eine Zusammenfassung des bekannten Buches von *Raymond Moody, „Leben nach dem Tod"*. Es faszinierte mich. Als Kind und junger Mann bin ich in meiner Familie sehr oft mit dem Tod konfrontiert gewesen, einmal auf eine schreckliche und tiefgreifende Weise. Seit meiner Kindheit ist der Tod damit wie ein roter Faden in meinem Leben, so dass ich mich als 17jähriger fragte: Was soll ich eigentlich aus meinem Leben machen, da ich einmal sterben werde? Ich hatte verstanden, dass der Tod die einzige Sicherheit in meinem Leben ist, und deshalb ein Leben allein für vergängliche Dinge niemals einen ultimativen Sinn für mein Leben haben könnte. Ich hatte verstanden, dass der Sinn des Lebens nur deutlich werden konnte im Licht des Todes. Der Artikel erinnerte mich an das. was mir mein christlicher Glauben sagt: dass das Leben nicht durch den Tod endet, sondern der Tod ein Übergang ist in ein unvergängliches Leben in der Liebe Gottes.

Als ich im Jahr 2000 von einem Zusammentreffen in Antwerpen zu NTE (1) hörte, wollte ich mehr davon wissen. Seitdem arbeite ich in unserem Verein *Limen* mit, dem belgisch-flämischen Zweig der amerikanischen IANDS[22], der sich mit NTE beschäftigt. Während dieser mittlerweile 15 Jahre entdeckte ich manche Phänomene, die zwischen Wissenschaft und Religion ähnlich sind. Ich wunderte mich, wie dass möglich sein konnte. Gibt es vielleicht eine Verbindung zwischen Wissenschaft und Religion? Die Einladung, hier heute darüber zu sprechen war für mich das Stimulans, mich darin zu vertiefen. Deshalb beginne ich hier mit einigen solcher ähnlicher Phänomene.

1. Einige Ähnlichkeiten zwischen wissenschaftlich festgestellten Fakten und Erscheinungen religiöser Art:

1.1. Über NTE und ‚Liebe' sowie ‚Licht' in der Bibel:
In allen Erzählungen über Nahtoderfahrungen – es sind ja viele Tausend, wenn nicht gar Millionen – finden sich Begriffe, die sich auch in Religionen und im

---

[22] IANDS = International Association for Near Death Studies

religiösen Umfeld finden, wie etwa: „Ich habe den Himmel gesehen" oder „Ich habe ein nicht blendendes, sehr hell leuchtendes Licht gesehen" oder „Ich habe Jesus/Maria/Buddha gesehen" oder „Etwas derartig Schönes hatte ich noch nie zuvor gesehen" oder „Es war einzig und allein bedingungslose Liebe" oder „Alles ist EINS" oder „Ich war tot und auf der anderen Seite des Lebens" oder „Ich habe Vater/Mutter/Bekannte gesehen", usw.

Dies alles sind Zeugnisse, wenngleich natürlich keine Beweise im strengen wissenschaftlichen Sinn. Aber als Objekt wissenschaftlicher Untersuchungen sind sie aufgrund ihrer großen Anzahl praktisch wie ein Beweis, genauso, wie sich historische Untersuchungen ja auch nur auf Zeugnisse stützen können.

In der Bibel findet man ‚Licht' und ‚Liebe' haufenweise: mit verwandten Begriffen jeweils mehr als 200 Mal. Redensarten wie „Ich bin das Licht" und „Gott ist Liebe" zeigen uns, dass sie zum Kern des christlichen Glaubens gehören. Auch Hindus, Buddhisten und Juden kennen das Licht und die Liebe als Grundwerte – übrigens feiern die Juden das „Fest des Lichtes".

## 1.2. Bedeutung von Bewusstsein im Entstehen von materieller Realität und das 'Dabar Jahwe (JHWH)'

Ich bin zwar kein Physiker. Das ist nicht mein Fachbereich, und als ich vor fünfzig Jahren noch Schüler war, hatten wir über Quantenphysik kaum gesprochen. Meine Kontakte zu dieser Wissenschaft haben erst mit meinen Untersuchungen von Nahtoderfahrungen begonnen. Mein Wissen darüber ist also begrenzt. Doch vermute ich, verstanden zu haben, dass in bestimmten Quantenprozessen durch bewusste Betrachtung materielle Realität entsteht. Ähnliche Wege des Entstehens kennen wir auch in der jüdischen und christlichen Theologie während der Schöpfung des Weltalls. Das 'Dabar Jahwe' ist der hebräische Ausdruck für das Wort Gottes. Dieses Wort ist schöpfend und sofort wirksam. "Gott sprach: Es werde Licht. Und es wurde Licht." (Gen. 1,3). Es ist also entscheidend für das unmittelbare Entstehen materieller Realität.

## 1.3. Bilokation in den Leben von Heiligen und Bilokation in der Materie

Diverse Religionen kennen das Phänomen der Bilokation: Auch das Christentum bezeugt, dass manche Menschen gleichzeitig an zwei Stellen gewesen sein sollen. Bekannt sind Namen wie *Antonius von Padua (~1195-1231)*, *Hl. Drogo (1102-1186)*, *Martin von Porres (1579-1639)*. Von *Alfons von Liguori (1696-1787)* wird erzählt: er wurde am Sterbebett des Papstes Clemens XIV gesehen, obwohl er in seiner Zelle eingesperrt war. Denken wir an die vielen Zeugnisse um *Pater Pio (1887-1968)*, der auch die Gabe der Bilokation besessen haben soll. Auch um den Schwedischen Philosoph *Emanuel Schwedenborg (1688-1772)* sind ähnliche Zeugnisse bekannt. Die isländische Sage kennt die Erzählung von Kriegern, die in Trance fielen und gleichzeitig Tausende von Kilometer weiter bei einer Feldschlacht erschienen. Diverse indische Gurus sollen gleichzeitig an anderen

Stellen gesehen worden sein. Und aus dem Islam ist bekannt, das alte Sheikhs zur gleichen Zeit auf diversen Plätzen gesehen wurden.

Ich habe diese Erzählungen nie geglaubt, bis zu dem Augenblick, da man erzählte, die Quantenphysiker hätten entdeckt – und könne beweisen – dass ein einziges Staubteilchen gleichzeitig an zwei Plätzen sein könne …

1.4. Das Bewusstsein, dessen wir alle teilhaftig sind, und die Teilhaftigkeit am Leben Gottes

Durch seine wissenschaftlichen Untersuchungen über Nahtoderfahrungen kam auch der niederländische Kardiologe *Pim van Lommel* nicht zuletzt hier auf dieser Tagung in Aachen im Jahr 2009 zu dem Ergebnis, dass Bewusstsein nicht im Gehirn entsteht. Er spricht wie zuvor schon andere auch von einem ewigen, universellen und alles umfassenden Bewusstsein, woran wir alle teilhaftig sind und alles, was besteht, durchdringt. Das Gehirn ist nicht das Organ, in dem das Bewusstsein entsteht, sondern das Organ, das Bewusstsein empfängt, so wie ein Computer das Internet nicht macht sondern auch empfängt.

Die meisten, wenn nicht alle Religionen, sprechen in einer derartigen Terminologie über Gott. Gott ist ein ewiger, alles umfassender (heiliger) Geist, an dessen Leben wir teilhaftig sind (bei den Christen ist es so), und der in allem anwesend ist. So ist das im Animismus, bei den Aborigines in Australien, bei den Indianerstämmen in Nord- und Südamerika, bei den Hindus, Buddhisten, Juden, Christen, im Islam und vielen anderen mehr.

Ich kann bestens damit leben, dass das ewige, universelle, alles umfassende und alles durchdringende Bewusstsein ein anderer (vielleicht wissenschaftlicherer) Name ist für Gott.

1.5. Der Osterbericht bei Johannes und das Zeugnis von *Georges Ritchie*.

Im Johannes-Evangelium (Joh 20) lesen wir: Als die Jünger „in einem großen Raum im Obergeschoß" (Mk 14,15) versammelt waren, und „aus Furcht vor den Juden die Türen verschlossen hatten, kam Jesus und trat in ihrer Mitte".

An diesen Bericht musste ich denken, als ich die NTE-Schilderung von Georges Ritchie las, wie er sich an einen Pfahl und einen Bretterzaun anlehnen wollte, und dabei quer hindurch ging. Auch von Martin von Porres (siehe oben) sind Zeugnisse bekannt, dass er die Gabe hatte, durch eine verschlossene Tür hindurch zu gehen.

Der Bericht von Jesus inmitten seiner Jünger ist stets als ein Wunder angesehen worden. Die Gabe des Martin von Porres vielleicht auch. Aber der Bericht von Georges Ritchie ist ebenso verwunderlich.

1.6. Von Bewusstsein bis Materie – und nach Johannes 1: vom „Wort" (logos) bis zum Fleisch-Leib (sarx).

Das vierte Evangelium, das man das Johannesevangelium nennt, beginnt mit den Sätzen:

> *„Im Anfang war das Wort, und das Wort war bei Gott, und das Wort war Gott. Im Anfang war es bei Gott. Alles ist durch das Wort geworden und ohne das Wort war nichts, was geworden ist. In Ihm war das Leben und das Leben war das Licht der Menschen. Und das Licht leuchtet in der Finsternis und die Finsternis hat es nicht erfasst"* (Joh 1,1-5).
>
> Und der Text geht weiter*: „Das Wort ist Fleisch geworden" (Joh 1,14).*

Die Evangelien sind in griechischer Sprache geschrieben und ‚logos' wurde schließlich mit ‚Wort' übersetzt. ‚Logos' ist ein Begriff aus der griechischen Philosophie. *Heraklit von Ephesus (~520- ~460 v. Chr.)* hatte diesen Begriff im sechsten Jahrhundert vor Christus ‚geprägt'. Für ihn schienen die Menschen keine blasse Ahnung davon zu haben, dass ‚logos' real und ewig sei.

‚Logos' sollte man nicht buchstäblich verstehen als das ‚Wort', sondern mehr als eine Möglichkeit, sich in der Wirklichkeit darzustellen und ihr eine Bedeutung zu geben. So gesehen geht ‚logos' an den Ursprung des menschlichen Denkens. Später wird der Begriff ‚logos' sowohl für das ‚Sprechen' wie für die ‚Vernunft' benutzt und somit zu einer Bezeichnung für Rationalität, die die Welt regiert.

Für *Philo von Alexandrien*, Zeitgenosse Jesu Christi, war ‚logos' gleichzusetzen mit ‚Sprechen über Gott': ‚Logos' ist ein Abbild von Gott, das Älteste der bekannten Dinge. Das Wort ‚Logos' können wir hier unter anderem auch übersetzen mit dem Begriff ‚Bewusstsein'.

Der Begriff ‚Leib/Fleisch' ist die Übersetzung des griechischen Wortes sarx', das aber mehr bedeutet als nur Leib oder Fleisch. Es steht im Gegensatz zu ‚Geist': zum Beispiel „Der Geist ist willig, aber das Fleisch ist schwach" (Mt 26,41).

Oder, wie Johannes schreibt: „Der Geist ist es, der lebendig macht; das Fleisch nützt nichts" (Joh 6,63). Paulus spricht im Römerbrief (8,5) von der Neigung des Fleisches, die der Neigung des Geistes entgegengesetzt steht.

Also ist ‚sarx' ‚der vergängliche Leib'. Es könnte also heißen: alles was vergänglich ist, ist nicht ‚logos'. Da wo ‚logos' ewig ist, ist ‚sarx' vergänglich; also unser Leib, alles Geschaffene, das Weltall, die Materie.

So könnten wir die ersten Zeilen des Johannesevangeliums deshalb auch lesen:

"Im Anfang war das Bewusstsein, und das Bewusstsein war bei Gott und das Bewusstsein war Gott. Im Anfang war es bei Gott. Alles ist durch das Bewusstsein geworden und ohne das Bewusstsein war nichts, was geworden ist. In Ihm war das Leben und das Leben war das Licht der Menschen, u.s.w":

Und "Das Bewusstsein ist Materie geworden."

## 1.7. Begegnungen mit Verstorbenen und Erscheinungen

Wer sich mit NTE und verwandten Geschehnissen beschäftigt, hat sicher schon einmal gehört, dass Verstorbene von geliebten Menschen wieder gesehen und erkannt wurden. Anfangs glaubte ich solche Erzählungen nicht. Die Zeugnisse von Verstorbenen, die erscheinen, sind aber so zahlreich geworden, dass wir die Existenz derartiger Erzählungen nicht mehr leugnen können. Ich selbst habe eine ähnliche Erfahrung gemacht: Ich bin einer Frau sechs Monate nach ihren Suizid begegnet. Diese Berichte lassen mich unwillkürlich an Dinge denken, die uns in der christlichen Religion über Erscheinungen heiliger Personen erzählt wird.

Im Christentum sind zuerst einmal die Erscheinungen Jesu in der Bibel erwähnt. Jedoch finden sich Erscheinungen Marias, der Mutter Jesu, in der ganzen Welt. Auch in anderen Religionen findet man solche Erscheinungen. Meine Frage ist daher: Sind diese erwähnten Erscheinungen vergleichbar mit der Wahrnehmung von Verstorbenen?

## 1.8. Wissenschaftliches Experiment mit Meditation und das Gebet um eine Gunst

In den USA wurde 1993 eine Anzahl Freiwilliger der Transzendentalen Meditation zu einem wissenschaftlichen Experiment zusammengebracht. Ihre Aufgabe war es, täglich über die Gewalttätigkeit in Washington zu meditieren. Die Anzahl der Verbrechen reduzierte sich daraufhin auffallend um 23% und war abhängig von der Anzahl der Menschen, die an der Meditation teilnahmen.

In allen Religionen kennen wir das ‚Beten mit einer Absicht'. Ist das nicht zu Vergleichen mit der Meditation?

## 1.9. Unerklärliche Heilungen während ein NTE und Wunder

In ihrem Buch „*The Near-Death Experiences of Hospitalized Intensive Care Patients*" berichtet *Penny Sartori* von einem Mann, der Opfer eines Verkehrsunfalls geworden war. Er hatte diverse schwere Verwundungen erlitten, unter anderem eine gebrochene rechte Schulter. Da Lebensgefahr bestand und Aufnahme auf der Intensivstation geboten war, musste die Operation verschoben werden. Als er von der Intensivstation entlassen wurde und der Arzt die OP dann vornehmen wollte, stellte sich heraus, dass der Patient geheilt war. So sind mehrere Berichte einer plötzlichen Genesung während einer NTE bekannt. Hier muss ich an etwas denken, das in Flandern (Belgien) 1875 passierte. Da genas der Belgier *Pieter De Rudder* während einer Wallfahrt zur Gottesmutter Maria plötzlich von offenen Brüchen an beiden linken Unterschenkeln, für die er über acht Jahre bei verschiedenen Ärzten in Behandlung gewesen war. Diese Heilung wurde von der katholischen Kirche als Wunder anerkannt.

## 1.10. Die Treppe von Jakob in der Bibel und die Treppe während eine NTE

Es gibt diverse Abbildungen einer NTE, die eine Treppe zeigen, die bis in die Wolken reicht. Im Buch Genesis, dem ersten Buch der Bibel, kann man lesen, wie der schlafende Erzvater Jakob in einem Traum eine Treppe sieht, die bis zum Himmel reicht. Hier lesen wir: „Da hatte Jakob einen Traum. Er sah eine Treppe, die auf der Erde stand und bis zum Himmel reichte. Auf ihr stiegen Engel Gottes auf und nieder. Und siehe, der HERR stand oben ... Jakob erwachte aus seinem Schlaf und sagte: Wirklich, der Herr ist an diesem Ort ... Hier ist nichts anderes als das Haus Gottes und das Tor des Himmels." (Gen. 28,10-17).

Achten Sie einmal auf die Worte. So ähnlich reden Menschen die eine NTE gehabt haben.

## 2. Wie kommst es, dass so viele wissenschaftliche Fakten Ähnlichkeiten haben mit Erscheinungen religiöser Art?

Diese Frage beschäftigt mich, seitdem ich mit Nahtoderfahrungen und verwandten Erscheinungen in Kontakt kam. Vereinzelt haben Religion und Wissenschaft miteinander nichts zu tun. Es sind zwei verschiedene Wege zur Erkenntnis. Beide haben dasselbe Objekt als Thema: Alles was besteht, alles was ist. Und mit denselben Fragen: Wie und weshalb ist alles entstanden? Wie verhalten sich die Teile zueinander? Fragen, die die Menschheit sich schon über Jahrtausende stellte.

Bis vor vier oder fünf Jahrhunderten waren die Kenntnisse über das, was man im Leben erlebte, begrenzt. Falls man einige Erscheinungen nicht erklären konnte, sprach man von Mysterien. Dabei glaubte man, es gäbe eine große treibende Kraft die ja am Anfang steht, mit der man in einem guten Verhältnis stehen sollte, um zu überleben und ihr darum Opfer bringen sollte.

## 2.1. Der Unterschied zwischen Wissenschaft und Glauben auf dem Weg der Erkenntnis

Wie ist es möglich, dass zwei so unterschiedliche Wege der Erkenntnis im selben Umfeld miteinander in Konflikt kamen? Meiner Meinung nach liegt die Ursache in den verschiedenen Methoden des tieferen Verständnisses.

Wissenschaft gründet auf Erfahrungen mit Materie. Materie ist objektiv feststellbar und prospektiv wiederholbar. Glaube gründet auf Erfahrungen und Einsichten, die geistig, also rein subjektiv und somit nicht objektiv feststellbar, dazu einzig in ihrer Art und somit nicht prospektiv wiederholbar sind.

Wissenschaft erwirbt ihre Kenntnis und Einsicht daraus, dass sie alle Objekte (und nur diese) – d.h. nur die äußerlichen Aspekte – profund objektiv, sehr streng und gewissenhaft erprobt, analysiert und entwirrt, bis in die kleinsten Fasern. Es ist ein unaufhörliches Suchen; denn bei jeder neuen Entdeckung entfaltet sich immer wieder ein Fächer scheinbar unlöslicher neuer Fragen. Dadurch werden die wissenschaftlichen Erkenntnisse derart ausgeweitet, dass man sie stets aufs Neue in einzelne Untergruppen aufteilen muss. Die Wissenschaftler erfahren dadurch letztlich immer mehr, je länger es dauert. Die Vielheit und Verschiedenheit ihrer Untersuchungen zeigt, dass ein Mensch längst nicht mehr alles wissen kann. Oft hört man dann: „Je mehr man weiß, desto weniger weiß man".

Durch diese Erfahrungen reifen beim Wissenschaftler die Weisheit und die Bescheidenheit, mit wachsenden Erfahrungen auch seine Grenzen zu erkennen.

Die Wissenschaft im Allgemeinen, und so auch die Naturwissenschaften im Speziellen, werden nie allumfassend sein. Der Wissenschaftler ist wie einer, der im Wald herumläuft. Er entdeckt dort immer wieder neue Bestandteile, neue Pflanzen, Bäume und Tiere. Den Wald selbst wird er jedoch nie sehen können; denn er selbst ist ja auch ein Teil des Waldes.

Der Glaube ist Folge von Tausenden von Jahren alten Erfahrungen, und NTE, die die Menschheit zu deuten versucht, haben ihn entscheidend mit aufgebaut. Diese Erfahrungen finden sich bei allen Völkern, egal wie primitiv sie auch sein mögen, und das seit Jahrtausenden in der einen oder anderen Form.

Darum sind sie genauso wertvoll für das Studium wie die Erfahrungen der ‚materiellen' Wissenschaft.

Neulich haben Studien festgestellt, dass 80% der heutigen Weltbevölkerung an einen Gott glaubt. Dieser Glauben gründet auf Urerfahrungen, die archetypisch sind und somit nur geistiger Natur sein können.

Woher diese Erfahrungen aber kommen, kann keiner wirklich sagen. Man spricht von einem Mysterium. Manche glauben, es gäbe eine große treibende Kraft, die stets am Anfang steht und mit der man in einem guten Verhältnis stehen soll um zu überleben und der man Opfer bringen sollte, um sie günstig zu stimmen. Sie akzeptieren wohl, dass alles zu einem allumfassenden, unaussprechbaren Ganzen gehören muss und dass sie selbst ein Teil dieses Ganzen sind. Diese treibende Kraft nennt man ‚Gott'. Sie, diese Kraft, die man ‚Gott' nennt, ist unaussprechlich und unvorstellbar (2). Man spricht bloß darüber wie über eine Person, weil sie wenigstens so hoch stehen und redlich sein müsste wie der Mensch (im Idealfall).

Die Buddhisten – und aufgrund meiner eigenen Erfahrungen ich auch – sagen, dass neben den fünf klassischen Sinnesorganen der Mensch (mindestens) ein weiteres Sinnesorgan haben muss, und zwar eins zum Empfang für Eingebungen des Geistes, bzw. des Bewusstseins.

Also ist Glaube nicht zu objektivieren, weil er subjektiv und innerlich ist.

Ein Gläubiger kann nicht sagen: "Gott gibt es", so wie ein Naturwissenschaftler mit seinem Fachwissen auch nicht sagen kann: "Gott gibt es nicht". Man kann nur sagen: "Ich glaube, dass es Gott gibt" oder "Ich glaube nicht, dass es Gott gibt".

Wie ich an dieser Stelle schon 2011 sagte, gehen alle Religionen zurück auf dieselben Urerfahrungen. Auf diesen Punkt gebracht, sind sie alle eins. Was ich den Oberbau nannte, ist archäologisch und geografisch, also kulturell gemeint.

## 2.2. Ein bisschen Geschichte

Was ich bis hierhin gesagt habe, gilt in besonderer Weise für Westeuropa, von wo die heutigen Wissenschaften ihren Anfang und Ursprung nahmen. Wenn wir das Verhältnis zwischen Wissenschaften und Glauben untersuchen, wird dies zuallererst mit dem Glauben in Westeuropa zu tun haben – und folglich mit dem christlichen Glauben, der sehr tiefe menschliche Werte belebt. Diese Werte sind universell, weil sie alle zurückgehen auf saubere, bedingungslose Liebe, bis in ihre höchste Form: auf die Liebe selbst des Feindes, der einen töten will.

"Ich aber sage euch: Liebt eure Feinde und betet für die, die euch verfolgen".
(Mt.5,44)

Die ersten vier Jahrhunderte erlebten die Christen zumeist als eine Bewegung im Untergrund mit vielen und schweren Verfolgungen. Sie war eine Bewegung rund um Jesus, die sie Christus, ihren Retter, nannten.

Das *Edikt von Mailand* im Jahr 313 n.Chr. mit *Kaiser Konstantin dem Großen* brachte einen Umschwung: Religionsfreiheit für alle Religionen und Ende der Christenverfolgung. Die römisch-katholische Kirche wurde Staatsreligion und übernahm die Strukturen des römischen Reiches. Hauptperson wurde der Bischof von Rom, der als ‚Stellvertreter Christi' sowohl Kaiser als auch Papst war.

Der Umschwung brachte für den christlichen Glauben viele Erleichterungen für seine Verbreitung in dem gut organisierten römischen Reich mit sich. Es gab aber auch Nachteile, die eine nicht unbedeutende Rolle spielen werden im Verhältnis zwischen Wissenschaft und Glauben. Der Bischof von Rom war halt lange nicht nur das geistliche, sondern auch das weltliche Oberhaupt. Er war ein Herrscher von ‚päpstlichen Staaten'. Die vier Evangelien waren seine Grundlage, aber ihre Interpretation wurde allmählich zu einer unabänderlichen kirchlichen Lehre, basierend auf ein buchstäbliches, historisches Verstehen der Bibel.

Allmählich wurde der christliche Glaube, in den längst schon heidnische Riten und Werte eingedrungen waren, zu einer ewigen, unveränderlichen Doktrin, um nicht zu sagen zu einer Ideologie. Wer es wagte, Kritik zu üben, musste das oft mit dem Leben bezahlen; denn man glaubte, dass Rom, und nur Rom, alles richtig machte und volle Einsicht hatte.

Gegen so manche Missstände in der römisch-katholischen Kirche keimte mehr und mehr Widerstand. Das bezeugen uns Franz von Assisi und der heilige Dominik im 12. Jahrhundert. Die größte Reaktion auf die wachsenden Missstände kam jedoch im 16. Jahrhundert mit *Martin Luther*, der mit seiner Kritik am üppigen Rom und seinen Ideen für eine gründliche Erneuerung der Kirche eine Spaltung verursachte.

Das Konzil von Trient brachte auch keine Lösung des Problems. Es brachte nur eine Neuordnung in der Kirche mit Festigung der römischen Ideologie sowie eine starke Verurteilung der Protestanten. Aber dennoch geschah mehr…

Die Renaissance mit ihrem Ursprung in Italien brachte im 16. und 17. Jahrhundert wichtige neue Entwicklungen in West-Europa.

Die mittelalterlichen Gedanken über den Menschen und die (römisch-) christlichen Werte wurden angezweifelt. Das mittelalterliche Menschenbild, der Mensch, der sündig und unkeusch ist und mit einem schrecklichen Tod vor seinen Augen leben musste, verschwand allmählich. Ein optimistisches Menschenbild kam an dessen Stelle mit neuen toleranten Gedanken und weg von der Unterdrückung. Wichtig wurden Friede und die Entwicklung des menschlichen Individuums.

Mehr und mehr rückten Worte wie Selbstentwicklung und Selbstverfügung in den Mittelpunkt. Der Mensch wurde glücklicherweise unabhängig vom Klerus. Philosophen wie *Descartes (1596-1650)*, mit seiner völlig neuen Denkmethode, nur auf die Vernunft stützend, standen im Mittelpunkt. *Kepler (1571-1630)* und *Newton (1643-1727)* erfanden neue Erklärungen für kosmische Erscheinungen.

Hiermit verschwand das Mysterium – nicht allein das des Weltalls, sondern gleichzeitig auch das Mysterium als Ganzes. Allein die VERNUNFT war jetzt wichtig, um alles, was ist, zu erklären. Die Folge dieser wissenschaftlichen Revolution war: Die Elite wandte sich vom Glauben ab sowie von allem, was nicht der Vernunft nach passte. Man brauchte Gott nicht mehr. Der ‚homo faber', der Mensch, der alles ohne Gott konnte, war geboren.

Das Denken war nicht mehr spirituell sondern materiell – nicht mehr subjektiv sondern objektiv – geworden. In der Folge kam es zu einer Jahrhunderte langen Reaktion der Kirche. Galileo Galilei war hier das bekannteste Schlachtopfer.

Als Reaktion auf die sture Haltung der Kirche, die festhielt an ihren ewigen Wahrheiten und Werten, kam der Ruf nach Freiheit auf, auch nach Freiheit vom Denken und von Religion, sowie von Gleichheit, Recht und Brüderlichkeit.

Neu war, dass sich nun auch die Arbeiter diesen Ideen anschlossen. Es waren die Gedanken des Humanismus, der als Reaktion auf die Kirche zurückkehrte zu den evangelischen Werten und sie in politische Gesetze umwandelte.

Im 19. Jahrhundert entstand die Evolutionstheorie von Darwin. Das Fundament der Kirche wankte. Die Schöpfung, mit allem was entstanden ist, wurde völlig entmythologisiert.

2.3. Spannungen ohne Recht

Selbst die Evangelien, die als relevant für historische Untersuchungen galten, wurden dafür nicht mehr angenommen. (Albert Schweitzer 1875-1965, Geschichte der Leben-Jesu-Forschung, 1906). Alle diese Umwälzungen ließen Philosophen, Theologen und Bibelwissenschaftler in der Römischen Kirche, und am Anfang auch die evangelischen Kirchen, nicht unberührt. Sie alle hatten mit neuen Fragen über das Entstehen der Bibel und des christlichen Glaubens zu kämpfen. Die Bibel wird nun immer weniger als ein historisches Buch betrachtet. Geschichten, die bis hierhin als historisch angesehen wurden, bekommen nun eine mehr spirituelle und symbolische Bedeutung. Selbst die Evangelien verlieren ihre Bedeutung als historische Wissenschaft.

Auch in Rom bewegte sich etwas. Der konservative Papst Pius XII erklärte 1950 in seiner Enzyklika 'humani generis' (Über das Entstehen des Menschen).

> „Die Kirche verbietet nach dem heutigen Stand der Menschwissenschaften und heiligen Theologie nicht Untersuchungen und Streitgespräche, die in Verbindung stehen mit der Lehre der Evolution ... in ihren Fragen nach dem Ursprung des menschlichen Leibes als Resultat einer bestehenden und lebendigen Materie ..."

Daraus können wir erkennen, dass auch im starren Rom Verschiebungen im Gange waren. Wir können es vielleicht als eine schüchterne ‚de facto- Anerkennung der Freiheit der Wissenschaft nennen.

Eine Wende in der Haltung der Kirche war die Wahl des Diplomaten Angelo Roncalli zum Papst Johannes XXIII. Die erstarrte Kirche wird nun prinzipiell durchlöchert. Die Freiheit des Denkens und Sprechens wird zur Alltagssache. Eine

Verketzerung mancher Gedanken war nun nicht mehr möglich. Es kam zu einer weiten Öffnung der Kirche auf allen Gebieten, auch gegenüber der Wissenschaft. Deshalb konnte *Prof. Piet De Somer*, Rektor der Universität Löwen, bei einem Besuch von Johannes Paul II in Löwen 1985 bei seiner Ansprache das „Recht auf Irrtum in der Wissenschaft" zur Sprache bringen. Allein im medizinischen Sektor – in Verbindung mit der Fortpflanzung – gab es noch Einschränkungen. (Paul VI., Humana Vitae, 1967).

Auch auf Seiten der Wissenschaften standen die Gedanken und Entdeckungen nicht still. Die Entdeckungen zur Materie in der Quantenphysik waren für die Wissenschaft eine Revolution. Weiter zu denken, wie es früher in der Wissenschaft üblich war, ist nicht mehr möglich. Das Bewusstsein spielt nun mehr und mehr eine große Rolle. Zahlreiche Wissenschaftler sehen ein, dass es unmöglich ist, alles zu verstehen. Sie sehen, dass das Weltall zu groß ist und auf Vertiefung des Wissens drängt.

Durch das unaufhörliche und stets tiefere Fragen beim Durchforsten der Materie wird einigen Wissenschaftlern mehr und mehr bewusst, dass sich ihr Ursprung nicht nur im menschlichen Gehirn befinden kann, sondern sich in einem größeren Etwas befinden muss, als bloß dem Materiellen. Wir müssen uns nun auch die Frage stellen, ob die Kenntnisse der Wissenschaft von Materie nicht allmählich an die Grenzen ihrer methodischen Möglichkeiten herankommen. Es scheint wohl eine Ironie der Wissenschaft zu sein, dass zahlreiche Wissenschaftler durch die Anwendung der ihr eigenen strengen, rationalen Methoden nun zu der Erkenntnis kommen, dass es ein nicht-materielles, unbegreifliches, geistiges und noch allumfassendes Ganzes geben muss, in dem sie noch ganz am Anfang sind.

Dies wird, so denke ich, am Deutlichsten in der Quantenphysik und in der Medizin beim Studium der Erscheinungen bei manch einem Komapatienten.

Nahtoderfahrungen sind hierfür ein typisches Beispiel.

Der Anästhesiologe Prof. Hamerhoff sagte dazu einmal in einem Interview:

> *„Ich denke, es sei eine reale Möglichkeit, dass es ein Bewusstsein auf quantenmechanischem Niveau gibt, gleichzeitig dadurch auch auf allerkleinstem Niveau im Universum. ... Wer mich fragt, 'besteht Gott' und meint damit, besteht Gott als alter Mann mit weißem Bart, der Moses die zehn Gebote aushändigte, dann ist meine Antwort ‚nein'. Würde man mich fragen: Besteht Gott im Sinne eines Bewusstseins, mit einem Endziel selbst in den meist banalen Strukturen des Universums, dann besteht wohl die Möglichkeit, dass meine Antwort 'Ja' ist."*

## Schlussfolgerung:  Zwei Flügel desselben Vogels

Als ich nach dem Verhältnis zwischen Wissenschaft und Religion suchte, habe ich anfangs in der materiellen Wissenschaft (Quantenwelt) gesucht. Dort habe ich aber nicht viel gefunden. Ich fand die Antwort erst in der spirituellen Welt. Mehr und mehr habe ich verstanden, dass ein solches Verhältnis seinen Ursprung in ihrem tiefsten und absolut fundamentalen Hintergrund finden muss. Wissenschaft und Religion entstehen aus der Verwunderung für alles, was ist. Und Verwunderung ist der Beginn jeder Liebe die man auch in Nahtoderfahrungen findet.

Wir können erkennen, dass Geist/Bewusstsein der Kern von allem ist. Also haben Wissenschaft und Religion dieselbe Wurzeln und damit einen gemeinsamen Auftrag: Dienstbar zu sein für das Leben und das Glück der Menschen.

Die Wissenschaft findet vergleichbare Einsichten in Religiosität und mystischen Traditionen und Aussprachen. Anderseits sollten sich die Religionen – auch die katholische Kirche – mit den Wissenschaften im Allgemeinen und mit dem Quantenbewusstsein im Speziellen und der neuen Art des Denkens anfreunden.

Beide, Wissenschaft und Religion, sollten jedoch sehr bescheiden sein.

Wissenschaftliche Entdeckungen sollten den Glauben an den heiligen ‚Geist' nicht ignorieren: Wenn wissenschaftliche Deutungen mit den Vorstellungen des Glaubens nicht übereinstimmen, müssen sie überprüft werden. Genauso sollten die Interpretationen von Bibelstellen mit dem Stand der Wissenschaft abgeglichen werden. Andererseits sollen die Wissenschaftler sich bewusst werden, dass es noch mehr gibt als das Materielle, und dass ihre Methoden und Einsichten begrenzt sind und niemals absolut und ewig sein können.

Lassen wir also die Wissenschaft ihre Arbeit machen: zu entdecken, *wie* alles ist, und wie sich die Teile der Materie zueinander verhalten. Lassen wir die Religion entdecken, *wozu* alles ist und *was* der Sinn ist von allem, was ist.

Wenn Wissenschaft und Religion das so tun, werden sie einander ins Gleichgewicht kommen, so dass sie werden wie die Flügel desselben Vogels (Johannes Paul II).

Dann werden sie einander bereichern zum Wohl der Erde, zum Wohl der Welt, zum Wohl der Menschen.

Unser Ursprung ist überall derselbe; denn wir alle sind aus Sternenstaub.

Aber unsere Herkunft, wer wir wirklich im Wesen sind, ist nicht materiell; denn es ist Bewusstsein und damit ewig. Die NTE sind hiervon ein Vorgeschmack.

Wir sind alle eins. Alles ist eins. Alles ist immer überall zugleich.


## Endnoten

(1) NTE = Nahtoderfahrung

(2) Deshalb dürfen die Juden den Namen Gottes – JHWH (Jahwe) – nicht aussprechen und dürfen die Moslems keine Bilder und Abbildungen machen.

(3) Es wäre allerdings nicht das Recht der römisch-katholischen Kirche, die Verbreitung des christlichen Glaubens nur nach diesem Maß zu beurteilen. Für Westeuropa war dieser Glaube ein unverkennbarer Segen. Die Kirche zeigte ihre Liebe zu den Armen, zu den Witwen und Waisen und den Kranken. Ihre Sorge für die Kinder und Jugendlichen wird groß geschrieben. Sie sorgte durch die entstandenen Abteien für eine bessere Landwirtschaft, überhaupt für die Landbewohner, etc. Sie steht am Anfang der Wohlfahrtspflege und Sozialfürsorge in den heutigen Staaten Europas. Das alles war jedoch hauptsächlich die Arbeit der unteren Geistlichkeit, der Klöster und Abteien.

# Literatur

„Die Bibel Altes und Neues Testament". Einheitsübersetzung. Herder (1980)

Hagelin J. et al., "Effects of group practice of the TM program on preventing violent crime in Washington, D.C. Results of the National Demonstration project, 1993", Social indicators Research 47 (2) 153-201 (1999)

Hamerhoff, St, Interview in Tijdschrift voor Parapsychologie en Bewustzijnsonderzoek, Nr. 1 (2013)

Lachner, R., D. Schmelter (Hrsg), „Nahtoderfahrungen. Eine Herausforderung für Theologie und Naturwissenschaft", LIT VERLAG, Berlin (2013)

Laureys, St., "Ons briljante brein. Over de grenzen, maar vooral over de wonderlijk kracht van onze hersenen", Borgerhoff &Lamberichts nv, (2013)

Paas, St., E. Peels, "God bewijzen. Argumenten voor en tegen geloven", Balans (2013)

Rivas, T., A. Dirven, R. Smit, "Wat een stervend brein nicht kan, Aanwijzingen voor parapsychologische verschijnselen rond bijna-dood-ervaringen. De harde kern van bevestigde casussen", Elikser, Leeuwaarden (2013)

Sartori, P., "The Near Death Experiences of Hospitalized intensive Care Patients: A Five Years Clinical Study", The Edwin Meller Press, Lewinston/Qeenston/Lampeter (2008)

van Leeuwen, F., "Geestkunde, Boekenplan", Maastricht (2010)

van Lommel, P., "Eindeloos bewustzijn. Een wetenschappelijke visie op Bijna-Dood Ervaring", Ten Have, Kampen (2007)

Paul Robbrecht & Stan Michielsens
"Mystik aus historischer Sicht"
in: "Schnittstelle Tod – Warum auf ein Danach vertrauen?
ISBN 978-3-936624-14-4 (2012)

# Nahtoderfahrungen zwischen Wissenschaft und Spiritualität

## Drs. Rinus van Warven

**Theologe, Philosoph, Journalist (NL)**
**IANDS Niederlande: Netwerk Narbij-de-Dood-Ervaringen, vormals: Merkawah**
www.rinusvanwarven.nl   –   www.netwerknde.nl

Es geschah am 9. April 1981. Das Leben machte mir drei Geschenke auf einmal in Form einer Nahtoderfahrung. Vielleicht sollte ich besser sagen, dass es drei Erfahrungen waren, in Form superschneller Reisen hinein in die überwältigende Einheit allen Seins. Man könnte sie mystische Erfahrungen nennen, doch das Wort kommt oft so religiös daher. Ich nenne sie lieber existenzielle Erfahrungen – oder Seelenerfahrungen, die einen mit dem Urgrund des Seins in Kontakt bringen.

Ich werde sie ihnen nun einfach erzählen und in diesem Zusammenhang drei verschiedene Begriffe verwenden, die ich dem Werk des deutschen Theologen, Psychotherapeuten und Schriftstellers Eugen Drewermann entlehnt habe:
- Die vollkommene Leere oder auch das Eins-Sein ohne Warum
- Das Hier und Jetzt oder auch das Eins-Sein ohne Wohin
- Die Liebe oder auch das Eins-Sein ohne Wozu

Ich glaube, Zeit, Raum und Distanz bestehen in der anderen Welt nicht. Es gibt in dieser vollkommenen Leere kein Warum und kein Woher. Diese Leere hat keinen Anfang, keine Richtung und kein Ziel, sie kennt auch die Frage nach dem Ursprung des Daseins nicht. Die Leere kennt allein das, was erst noch neu geboren werden will. „Bleib' dort, wo du bist", sagten die Leute immer zu mir. „Bleib' da. Da ist kein Ort, wohin du gehen kannst, es gibt keine andere Welt, dies hier ist alles, was du bist. Es gibt allein das Licht, aus dem du bereits bist. Es gibt keinen anderen Ort, der von völliger Seligkeit erfüllt wäre. Es ist allein der Augenblick, in dem du dich gerade befindest, dem alles entspringt, aus dem alles entsteht. Erkläre den Menschen, dass sie selbst das Licht sind, nach dem sie suchen."

Meine Seele aber wollte nicht dort bleiben, wo sie schon ist. Meine Seele wollte dorthin, wo sie nicht ist, an den Ort oder in den Raum, wo das Leben selbst aufgehört hat zu bestehen. Aber es gibt diesen Ort nicht, an dem Leben aufhören würde zu bestehen. Es gibt lediglich einen Ort, an dem sich Bewusstsein manifestiert. Ich bin einmal in einer Situation gewesen, in der sich unendliches Bewusstsein in mir ausbreitete und Raum schuf für das Licht, aus dem wir alle sind. Ich war Liebe, auf der Suche nach mir selbst. Ohne Ziel, ohne Ende, ohne Bestimmung, ohne Zweck, ohne Sinn, ohne Haben, aber eben auch ohne Sein.

Dem französischen Philosophen Henri Bergson zufolge sieht das Auge alleine das, was der Geist bereit ist zu fassen. Unser eigenes Bewusstsein, unsere eigene Seele bestimmt, wie wir die Welt wahrnehmen. Wenn man ein begrenztes Bewusstsein hat, dann ist die Welt um einen herum auch begrenzt. Die Wirklichkeit, die man erlebt, ist subjektiv. Wenn man verliebt ist, ist die Welt prächtig, wenn man depressiv ist, ist die Welt eine Katastrophe, obwohl es doch eigentlich dieselbe Welt ist. Ausgehend von unserem Bewusstsein erleben wir die Wirklichkeit. Mit anderen Worten: Die Welt ist nicht, wie sie selbst sich darstellt, die Welt ist alleine so, wie man selbst sie erlebt. Und genau das macht die Nahtoderfahrung zu einer durch und durch existenziellen und spirituellen Erfahrung.

Menschen, die eine Nahtoderfahrung mitgemacht haben – ich komme gleich noch einmal auf das Wort zurück –, beschreiben diverse Erfahrungen und Einsichten, die das Potenzial haben, unsere Sichtweise auf die Wirklichkeit zu verändern.

Das westliche Weltbild kann durch einen terminologischen Dreiklang beschrieben werden: Es ist dualistisch, ontologisch und materialistisch.

Zuallererst dualistisch: Es gibt in der Mainstream-Philosophie kein Eins ohne das Zweite, keinen Tag ohne Nacht, kein Licht ohne Dunkelheit, keine Armut ohne Reichtum. Ich jedoch erkenne mich eher in der Einheitserzählung der Mystiker und der Denker aus der östlichen Advaita-Vedanta-Tradition wieder.

Des Weiteren ist unsere Philosophie ontologisch. Sie geht von der Lehre der seienden Dinge aus, von der Seinslehre. Das Problem beim ontologischen Denkansatz ist, wie ich meine, dass er zwar ein gutes Auge hat für die verschiedenen eigenständigen Phänomene in dieser Welt, jedoch kaum für den Zusammenhang zwischen diesen Dingen.

Und last but not least: Unsere westliche Wissenschaft betrachtet diese Welt vom Standpunkt des Messbaren, des Erfassbaren und des Beweisbaren. „Messen heißt Wissen", ist seit jeher ihr Leitsatz. Und damit ist sie zu materialistisch geworden.

Auch dem niederländischen Kardiologen Pim van Lommel zufolge, dem Gründer des niederländischen Netzwerks von Menschen mit Nahtoderfahrungen, ist die herrschende materialistische Sichtweise von Ärzten, Philosophen und Psychologen auf die Beziehung zwischen Gehirn und Bewusstsein zu begrenzt, um das Phänomen der Nahtoderfahrung adäquat deuten zu können.

„Es gibt gute Gründe anzunehmen", so sagt er, „dass unser Bewusstsein nicht immer der Funktionsweise unseres Gehirns entspricht – es kann nämlich auch außerhalb unseres Körpers erfahren werden. Warum und woraus das Bewusstsein entstanden ist, wird immer ein Mysterium bleiben, da die Antwort auf diese Frage von uns wohl nicht begreifbar ist. Bewusstsein ist nicht sichtbar, nicht erfassbar, nicht wahrnehmbar, nicht messbar und nicht nachweisbar. Und doch ist es das Bewusstsein, das der Existenz jedes lebendigen Wesens Substanz und Form verleiht. Ohne Bewusstsein gibt es keine lebendige Materie. Ohne Bewusstsein gibt es keine Wahrnehmung, kein Denken, kein Fühlen, kein Wissen, kein Gedächtnis."

Ende 2007 erschien van Lommels Buch „Endloses Bewusstsein". In diesem Buch beschreibt er, dass die Nahtoderfahrung (NTE) eine authentische Erfahrung sei und nicht das Resultat von Phantasien, Psychosen oder Sauerstoffmangel. Dem Kardiologen van Lommel zufolge löst eine NTE bleibende Veränderungen bei den Betroffenen aus. „Die NTE ist sowohl eine existenzielle Krise als auch eine wirkungsstarke Lebenslektion. Die Veränderungen, die sich nach einer NTE bei den betroffenen Menschen abspielten, entstünden durch die bewusste Erfahrung einer Dimension, in der Zeit und Raum keine Rolle spielten, in der man sowohl in die Vergangenheit Einblick hätte, als auch in die Zukunft, in der man sich selbst vollkommen fühlte und geheilt wisse, und in der man einen Zustand unendlicher Erkenntnis und bedingungsloser Liebe erleben würde."

Was ist also van Lommel zufolge so besonders an Nahtoderfahrungen, dass das Thema in den letzten Jahren so häufig in den Nachrichten auftaucht? „Das Thema ist selbstverständlich nicht neu. Die Art jedoch, in der auf das Buch und das Thema reagiert wird, hat sich verändert. Innerhalb weniger Monate waren beinahe alle 60.000 Exemplare des Buchs verkauft. Van Lommel war anfangs nicht glücklich über die Tatsache, dass die erwähnte Erfahrung im niederländischen Sprachraum erst „Beinahetoderfahrung", also niederländisch Bijna-Dood-Ervaring, BDE, genannt wurde. Er schlug daraufhin vor, besser auch den weltweit gebräuchlichen Begriff „Nahtoderfahrung", niederländisch Nabij-de-Dood-Ervaring, NDE, zu gebrauchen. Dieser Vorschlag ist Ende 2014 auf Betreiben der damaligen Stiftung Merkawah übernommen worden. Die Stiftung hat sogar ihren Namen verändert in „Netzwerk Nahtoderfahrungen", niederländisch „Netwerk Nabij-de-Dood-Ervaringen", wird jedoch aufgrund seiner weiten Verbreitung das Wort „Beinahetoderfahrungen" noch fünf Jahre lang parallel gebrauchen.

Im Jahre 1975 war der Begriff „Near Death Experience" zum ersten Mal verwendet worden, damals durch den amerikanischen Psychiater Raymond Moody. Er schrieb das Buch „Life after Life" (im Deutschen heißt es „Leben nach dem Tod"). In diesem Buch wurde zum ersten Mal systematisch untersucht, was für Arten von Erfahrungen Menschen in den kritischsten medizinischen Situationen haben können. Moody hat stets den Begriff „Near Death Experience" gebraucht, der dann gewöhnlich mit dem Begriff „Beinahetoderfahrung" ins Niederländische übersetzt wurde. Wie gesagt, soll van Lommel jedoch immer schon dem Begriff „Nahtoderfahrung" den Vorzug gegeben haben. „Tod ist nun mal ein sehr heikler Begriff. Die Menschen, um die es geht, befinden sich sehr wohl im Umkreis des Todes, dem Tod nahe, aber sie sind nicht „beinahe tot". Es ist also okay, dass die Stiftung nun den neuen Begriff verwendet, jedoch ist es auch gut, dass sie das Wort „Beinahetoderfahrung" nicht gleich aus der Welt schafft. Die Erfahrungen, um die es hier geht, sind uns die gesamte Menschheitsgeschichte hindurch bekannt geworden. Sie hießen dann spirituelle oder mystische Erfahrung, Einheits-erfahrung. Es gab schon immer eine große Variation an Namen dafür. Und wenn man die Abkürzung BDE dennoch beibehalten will, dann kann man das vielleicht am besten tun, indem man ihre Bedeutung neu interpretiert als „Bewustwording Door Ervaring" („Bewusstwerdung durch Erfahrung")."

Stehen wir van Lommel zufolge also kurz vor einer wissenschaftlichen Revolution? „Es werden glücklicherweise kontinuierlich neue Erkenntnisse gewonnen", führt er aus. „Das materialistische Denken hat Religion und Wissenschaft voneinander entfernt. Das sollen diesem Denken zufolge zwei gegensätzliche Dinge sein, die man nicht beide gleichzeitig betreiben kann. Durch diese Auffassung hat es so viele Missverständnisse gegeben, dass Wissenschaften und Wissenschaftler auf beiden Seiten nicht mehr miteinander kommunizieren können. Aber letztendlich geht es beiden Denkrichtungen um die Suche nach Wahrheit und Wirklichkeit, und die kann man nun mal auf verschiedene Arten betreiben."

Van Lommel zufolge sind viele Betroffene unter uns – alleine in den Niederlanden sollen es ca. 600.000 Menschen sein – die schon einmal eine Nahtoderfahrung gemacht haben. Und wenn man das auf deutsche Dimensionen hochrechnet, wie viele würden es dann in Deutschland erst sein? Ich fragte ihn in einem Interview danach, ob es ausreichende Hilfestellung für diese Menschen gäbe. Seine Antwort ist nicht schwer zu erraten. „Ganz gewiss nicht. Die meisten Menschen, die wir gefragt haben, erzählen nichts darüber. Es handelt sich dabei anscheinend um eine solch überwältigende Erfahrung, dass wenn man ihr in seinem eigenen Leben noch keinen echten Platz zugewiesen hat, man sie auch anderen nur schwer mitteilen kann. Es hat Untersuchungen gegeben, auch in den Niederlanden, aus denen hervorgeht, dass die Mehrheit der Menschen, die die regulären Fürsorgemöglichkeiten genutzt haben – Hausärzte, Pastoren, Psychologen und Psychiater – eher negative Erfahrungen gemacht, anstatt echten positiven Beistand erfahren haben. Man muss sich an jemanden wenden können, der gut zuhören kann. Es muss nicht einmal eine Person sein, die einen entsprechenden Beruf hat, sondern es sollte vor allem eine Person sein, die die jeweilige Erfahrung annimmt und zuhören kann, ohne gleich ein Urteil darüber fällen zu wollen. Obendrein fallen die individuellen Konsequenzen einer solchen Erfahrung meist viel deutlicher aus als von Ärzten, Pflegepersonal oder Familienmitgliedern angenommen. Alle Mitarbeiter in der Gesundheitsfürsorge, aber auch sterbende Patienten und ihre Familien, sollten auf dem neuesten Stand von diesen besonderen Erfahrungen sein, die während des Zeitraums eines klinischen Todes, während eines Komas, auf dem Sterbebett oder während des Todes selbst auftreten können."

Eines der wesentlichsten Merkmale von NTE ist, dass der Dualismus – zumindest nach Deutung der NTE-Erfahrenen – an seine Grenzen stößt. Nahezu alle NTE-Erfahrenen betonen stets, dass die sogenannten Dualismen und Gegensätzlichkeiten, mit denen wir aufwachsen, überkommen seien. Wir seien daran gewöhnt, in Begriffen von Gut und Böse zu denken. Licht und Dunkelheit, Tag und Nacht. Das Denken in Begriffen von Gut und Böse ist kultur- und zeitabhängig. Was wir hier bei uns gutheißen, würde irgendwo anders vielleicht für schlecht befunden. Wir seien eingesperrt in Denkkategorien und umzingelt von Werte- und Normensystemen. Die „befreiende Liebe", über die jene Menschen, die eine NTE hatten, immer gerne sprechen, funktioniere anders; denn die „befreiende Liebe" verweigere nichts. Ganz und gar nichts. Sie verschenke sich selbst. Deshalb heiße sie „befreiende Liebe": Raum, Bewusstsein und Stille…

Der NTE-Erfahrene sagt meist, nach seiner Erfahrung wesentlich religiöser oder spiritueller geworden zu sein. Wenn in der etablierten Religiosität noch gepredigt würde, was man fühlen und/oder glauben solle, seien die NTE-Erfahrenen meist schon weit darüber hinaus. Die etablierte Religiosität müsse weniger institutionell sein. Damit hätten NTE-Erfahrene die größten Schwierigkeiten. „Ich glaube nicht mehr, ich weiß jetzt. Ich verbinde eine tiefe innerliche Gewissheit damit. Niemand muss mir erzählen, was ich aus eigener Erfahrung schon weiß."

Viele Menschen mit NTE's sehen ihre Erfahrung als den Beginn eines spirituellen Prozesses. Es sind Analogien erkennbar zwischen den Auferstehungserfahrungen in den großen religiösen Traditionen und der eigenen Auferstehungsgeschichte. Ein NTE-Erfahrener wisse, dass Schmerz, Verdruss, Leiden und Tod nicht das letzte Wort hätten. Sie hätten erlebt, wie das Licht sich am Ende durchsetzte und das Leben dann unendlich viel stärker würde als der Tod. NTE-Erfahrene berichten gerne davon, wie sie die unendliche Übermacht des Lebens in diesen Momenten gespürt hätten. Ihre Berichte machen einen klaren Strich durch alle unsere Auffassungen darüber, was in der alltäglichen Wirklichkeit möglich oder unmöglich ist. Wir Menschen haben die Kraft, die Erzählung von der Auferstehung nachzuleben. Mit anderen Worten: Die Auferstehungskraft des Lichts ist in jedem Menschen lebendig. Wir müssen uns dem inneren Lichtquell hingeben, der in jedem Menschen wirkt.

Ich werde eine gewisse Anzahl von Einsichten, die Menschen mit einer NTE angeben, erfahren zu haben, nun noch einmal zusammenfassend für sie auflisten. Ohnehin sind es schon besondere Geschichten und Einsichten. Aber das wirklich Besondere an diesen Einsichten ist, dass sie die Grenzen eines Weltbilds zum Vorschein bringen können, welches dualistisch, ontologisch und materialistisch ist. Ich nenne ihnen nun einige davon:

- Was du erlebt hast und was du bist, bleibt ewig bestehen. Dein Körper, und das was du besitzt, wird vergehen, aber das Bewusstsein, das du bist, das bleibt ewig bestehen. „Ich habe keine Angst mehr vor dem Tod. Ich sehe diese Erfahrung als ein Geschenk. Ich weiß nun, dass da mehr ist als der Tod. Ich fühle mich privilegiert, denn ich kann nun anderen helfen, wenn sie den Tod fürchten."
- „Offensichtlich wird mir noch ein Tag in diesem Leben gewährt. Ich weiß nun, was ich hier zu tun habe."
- „Meine NTE hat mein komplettes Lebensgefühl und mein gesamtes Gefühlsleben verändert. Ich habe ein viel größeres Einfühlungsvermögen im Hinblick auf meine Mitmenschen entwickelt. Ich bin vergebungsbereiter, toleranter und weniger urteilend geworden. Ich habe gemerkt, dass ich mich leichter in den Dienst anderer stellen kann.
- „Ich störe mich viel weniger an den Grenzen, die einem durch das Zusammenleben auferlegt werden. Ich versuche stets herauszufinden, was mein eigener Lebensweg ist und störe mich weniger daran, was andere sagen."

Advaita-Vedanta-Lehrer Alexander Smit hat einmal etwas Interessantes über das Bewusstsein gesagt: „Ich habe ein Haus, aber ich bin kein Haus. Ich habe einen Stuhl, aber ich bin kein Stuhl. Ich habe ein Klavier, aber bin kein Klavier. Ich habe kein Bewusstsein, aber ich bin Bewusstsein."

Der Advaita-Lehre zufolge kann man Bewusstsein nicht haben, sondern man kann nur Bewusstsein sein. Darum sagen viele Menschen, die eine NTE gehabt haben, dass sie sich nicht mehr mit materiellen Dingen identifizieren wie dem Haus, dem Status, dem Auto oder selbst mit dem eigenen Körper. „Ich kann ohne meinen Körper leben, mein Körper jedoch nicht ohne mich", so beschreibt es van Lommel. Ich stehe unter dem bleibenden Eindruck, den die kurze Zusammenfassung von Albert Schweitzers Leben auf mich gemacht hat, die Teil von seiner berühmt gewordenen Rede „Mein Wort an die Menschheit" ist. Schweitzer sagt darin: „Glauben entstammt im Prinzip der tiefen Ehrfurcht vor dem Leben. Gottesdienst ist praktizierte Ehrerbietung gegenüber dem Leben. Glauben ist nicht allein die Entscheidung, seinen Nächsten zu lieben, ob nahestehend oder nicht. Glauben ist auch die Entscheidung, das Leben nichtmenschlicher Lebensformen wertzuschätzen, wie Bäume, Pflanze und Tiere. Glauben heißt auch, eine Verbundenheit mit dem Leben zu empfinden, das behindert ist oder Schaden erlitten hat. Ich rufe die Menschheit zu einem ethischen und respektvollen Umgang mit dem Leben auf." Albert Schweitzer wurde am 24. Januar 1875 in Kaysersberg geboren, einem kleinen Ort im Elsass. Er wurde vor allem bekannt durch Lambarene, das Krankenhaus in Gabun in Zentralafrika, wo er die meiste Zeit seines Lebens verbracht hat.

Es gibt eine Geschichte von Schweitzer über ein existenzielles, mystisches Erlebnis, das ihm während einer Bootsfahrt auf dem Fluss Ogowe widerfahren war. Während der Fahrt schaut er sich um, sieht die Fische und Krokodile unter sich, die Vögel über sich und die Bäume und Pflanzen an den Ufern um ihn herum. Daraufhin fasst er in einem ganz besonderen Satz zusammen, woraus für ihn die Essenz unseres Daseins besteht. Und diesen Satz muss man sich als ein großes „Umdenken" vorstellen.

Schweitzer trägt mit ihm eine neue Denkart in die Welt, in der sich der reine Wille zum Leben in uns manifestiert und in seine höchsten Formen überführt wird. In diesem neuen Denken verortet sich der Mensch positiv gegenüber dem Leben, er „bejaht" es. Darum stellt Schweitzer Descartes geflügelten Worten „cogito ergo sum" („ich denke, also bin ich.") einen anderen Ansatz entgegen: „Ich bin Leben, das leben will, inmitten von Leben, das leben will".

Und so habe ich für mich selbst einmal aufgeschrieben, wie mein persönliches Glaubensbekenntnis aus meiner NTE heraus entstanden ist:

- Ich lebe in ständigem Erstaunen darüber, welch ein Mysterium die Schöpfung ist. Der Mensch ist eine Blume im Garten der Schöpfung, er nimmt aktiv an diesem Mysterium teil; denn er selbst ist ein Geschöpf. Aber er ist auch Schöpfer. Ich stehe hier und heute vor der Herausforderung, zusammen mit meinen Mitmenschen tatkräftig im Leben zu stehen. Ich bin deshalb auf der Suche nach Menschen, mit denen ich zusammen leben und wirken kann.

- Die Menschwerdung wird seit jeher in allen großen religiösen Traditionen als zentrale Herausforderung und spiritueller Auftrag verstanden. Ich möchte im Hier und Jetzt ein Bekenntnis zu dieser Herausforderung ablegen. Ich will erfahren und erkennen, wann wir am meisten Mensch sind. Deshalb gehe ich auf die Suche nach meinem Zuhause, meinem Kraftquell, auf die Suche nach einem Ort, einem Land, einer Stadt, einem Haus, in dem ich ich selbst sein kann. So erfahre ich, wer ich bin, aber auch wer ich nicht bin. Ich suche mir einen Weg zurück zu meinem innersten Menschsein.
- Die Erzählungen der großen Traditionen handeln von der Erkenntnis, dass wir als befreite Menschen leben dürfen und dass wir darum auch die Möglichkeit haben, an der Befreiung aller Menschen mitzuarbeiten.
- Ich verbinde mich in diesem Moment, hier und jetzt, mit der Liebe in mir selbst und, davon ausgehend, mit den Menschen und der Welt um mich herum. Ich lebe aus diesem Gefühl der Verbundenheit und Gleichwertigkeit heraus. Dieses Gefühl bewirkt, dass ich mich verantwortlich fühle, mein Leben mit Sinn zu erfüllen und bewusst mit der Erde und ihren Geschenken umzugehen.
- Religion, Spiritualität, Lebensanschauung sind praktizierte Ehrerbietung für das Leben – nicht nur für das Leben von Menschen, sondern auch das von Pflanzen, Tieren und der gesamten belebten Erde. Dieser Respekt kommt auch zum Ausdruck in der Wertschätzung der körperlichen, geistigen und sozialen Unversehrtheit aller Lebewesen.
- Das Prinzip von Mitleid und Mitgefühl liegt allen religiösen, ethischen und spirituellen Traditionen zugrunde; das sollte als ständiger Appell verstanden werden, unsere Mitgeschöpfe so zu behandeln, wie wir selbst behandelt werden wollen.
- Wir leben in einer Welt, die mit unseren innersten Werten und Normen nicht harmoniert. Der Auftrag zur Schaffung einer harmonischen Welt voller Liebe verpflichtet manchmal, Titanenkämpfe gegen Schmerz, Verdruss, Leiden, Armut, Ausbeutung, Konflikte und Kriege zu führen.
- Ich gehe auf die Suche nach meinem Zuhause, nach Menschen, mit denen ich zusammen leben und schaffen will. Ich gehe auf die Suche nach Menschen, Pflanzen, Tieren und Situationen, die der Einswerdung und Vereinigung bedürfen. So entdecke ich den Weg zurück zu meinem ursprünglichen Bewusstsein, so finde ich den Weg zurück zu meinem wahren Wesen und meinem innersten Streben.
- Ich möchte als aktiv tätiger Mensch zusammen mit meinen Mitmenschen eine ideale Welt erschaffen. Eine Welt, in der strahlende Menschen leben, die alles Lebendige respektieren. Eine Welt, die gemeinschaftsorientierten inneren Normen und Werten gerecht wird.

- Ich will inspiriert sein und bleiben, um bewusst und fest verwurzelt im Leben zu stehen, mit einer heiteren Sicht auf mein Leben und das Leben von anderen. Was kann mich – in geselliger Besinnung und Begegnung – erheitern und begeistern, damit ich Lust darauf habe, gemeinsam mit anderen an einer schönen und menschenwürdigen Welt zu arbeiten?

Wir Menschen hängen in unserer modernen Zeit enorm an Sicherheit. Aber warum tun wir das? Weil wir so schrecklich viel Angst vor Veränderung haben. Der berühmte Dichter und Heilige aus Tibet, Milarepa, sagte einmal: „Meine Religion ist: Leben – und Sterben – ohne Reue." Einer der wichtigsten Gründe, warum wir so viel Angst und Mühe dabei haben, uns mit unseren Fragen über Leben und Tod zu beschäftigen, ist, dass wir versuchen, die Realität unserer Vergänglichkeit zu verneinen. Wenn jedoch eine Sache wirklich deutlich wird durch die Erfahrungen von Menschen mit NTE, dann ist es die, dass wir unsere Vergänglichkeit weder verneinen können noch verneinen müssen. Warum aber verneinen wir sie überhaupt? Wahrscheinlich muss man auf diese Frage die gleiche Antwort geben: Weil wir Angst haben vor Veränderung. In unseren Augen stehen Veränderungen stets in Zusammenhang mit Verlust und Leiden. Und wenn sie sich ankündigen, versuchen wir uns so stark wie möglich zu betäuben. Was die NTE uns jedoch lehrt, ist, dass uns als Menschen – durch eben diese Veränderungen – die Möglichkeit gegeben wird, Bekanntschaft mit anderen Wirklichkeiten zu machen. Veränderungen – im Hier und Jetzt, während unseres Lebens – sind eine Gelegenheit, den Tod und das Leben besser zu verstehen. Durch das Festhalten an der Idee, dass Dinge von Dauer sind, nehmen wir uns die Möglichkeit, von Veränderungen zu lernen.

Und was die NTE mir auch immer bewusster macht, ist, dass wir Menschen ein Herz in unserer Seele tragen. Dass wir beseelte Wesen sind.

Wir Menschen stehen in einem unmittelbaren Zusammenhang mit den Möglichkeiten und Unmöglichkeiten der menschlichen Seele. Plato zum Beispiel setzt die unsterbliche Seele in einen Gegensatz zum stofflichen Körper. Aus biblischer Sicht jedoch wird mit der Seele das Leben eines Menschen selbst angedeutet. Im Alten Testament steht die Seele für Lebenskraft und Lebensgeist, und im Neuen Testament steht die Seele (oder die „Psyche") oft bildhaft für den Menschen selbst. Gegenwärtig wird das Wort „Psyche", das früher meist mit „Geist" übersetzt wurde, nun oft mit dem Wort „Leben" selbst übersetzt. Thomas von Aquin hingegen sieht die Seele als das formgebende Prinzip des Körpers. Ohne Körper sei die Seele undenkbar. Dem Psychiater Carl-Gustav Jung zufolge stammt der Begriff „Seele" aus dem Griechischen oder auch von dem gotischen Wort „Saiwala" ab, das „beweglich, bunt, glänzend" bedeutet.

In unserer Zeit meinen wir mit der Seele das Einzigartige im Menschen, sein Innenleben und andere Dimensionen, als die des Machbaren. All das können wir durch die NTE erfahren. Wenn wir von der Seele in diesem Sinne sprechen, sprechen wir über die innersten Werte eines Menschen, über sein Herz, über den Raum im Inneren eines Menschen, in dem Fantasie und Kreativität das Sagen haben, und wo der Mensch noch träumen kann. Die Seele richtet unsere Aufmerksamkeit auf die zarten und tieferen Gefühle unseres Wesens und erhebt uns über die Dinge des Alltags.

Im Buch „Op weg met de Bhagavad Gita" („Unterwegs mit dem Bhagavad Gita", mir ist keine deutsche Ausgabe bekannt) von Mansukh Patel findet sich eine prächtige Erzählung, die beispielhaft ist für die Sichtweise der NTE-Erfahrenen auf das Licht:

„Wenn man einmal darüber nachdenkt, Arjuna", sagt Krishna, „ist der große Gott zwar die personifizierte Pracht. Aber für Gott gibt es eine Sache, die schöner ist als seine eigene Pracht. Etwas, das bei ihm unbeschreibliche Freude und Entzücken auslöst. Objektiv gesehen ist die einzelne Seele vor Gott nicht sonderlich schön, da ihre Schönheit verschandelt wird durch den fehlgeleiteten Geist, der die Seele in Verwirrung versetzt und die Wahrheit über das größere Selbst, das in ihr verborgen liegt, zu verschleiern sucht. Aber sobald die Seele diesen Schleier aus Illusionen abwirft, wirkt das Licht, das dann zum Vorschein kommt, noch viel würdevoller auf mich als mein eigenes Licht. Darum ist das Leben als Mensch so kostbar, Arjuna.", sagt Krishna. „Die einzelne, zu Bewusstsein gekommene Seele, die nach Gott verlangt, trägt eine unbeschreibliche Schönheit in sich, die mir den Atem nimmt."

Zum Schluss möchte ich noch aus der Advaita-Vedanta-Lehre zitieren, und zwar von Osho, der früher Bhagwan Shree Rajneesh hieß. Es ist ein Text über Bewusstsein in der Liebe. Und damit wären wir wohl am Dreh- und Angelpunkt der ganzen Sache angelangt. Wie ich finde, fasst dieser Text das Verhältnis zwischen Bewusstsein und Liebe auf erschütternde Weise in Worte:

„Wenn du also dem Pfad des Bewusstseins folgst, lass die Liebe dann dein Kriterium sein. Wenn dein Bewusstsein plötzlich in Liebe erblüht, wisse dann, dass dir echtes Bewusstsein widerfahren ist, dass das Samadhi erreicht ist. Wenn du dem Pfad der Liebe folgst, dann lass Bewusstsein dein Kriterium sein. Wenn plötzlich aus dem Nichts, aus dem Zentrum der Liebe, eine Flamme aus Bewusstsein zu brennen beginnt, dann kannst du sicher sein. Freu dich dann, und wisse: Du bist nach Hause gekommen."

Netwerk
**Nabij-de-dood**Ervaringen

### Die Welt ist aus einem Guss – Geist überlebt Materie

Diese beiden und viele weitere interessante Schlussfolgerungen zieht der Aachener Facharzt und Hochschullehrer Prof. Dr. med. Walter van Laack durch eine wohl begründete, alternative Sichtweise auf unsere Welt. In seinen beiden, sich aus zwei verschiedenen Perspektiven ergänzenden Büchern „Mit Logik die Welt begreifen" und „Wer stirbt, ist nicht tot" führt er Naturwissenschaften und Religionen nahtlos zusammen und blickt über die verschiedensten fachlichen Tellerränder.
Die Existenz Gottes zwingt sich dabei schon aus logischen Erwägungen auf, wenngleich sie in jeder Form unbeschreiblich bleibt. Leben und Geist sind nicht mehr länger reine Zufallsprodukte von Materie, und jeder Einzelne stirbt letztlich nur körperlich: Unser Ich lebt unverändert weiter.
Mit seinem Roman „Unser Schlüssel zur Ewigkeit" hofft der Autor, dem Leser zahlreiche Sachbuchinhalte und vielfältige Erfahrungen durch eine spannende und bewegende Rahmenhandlung näherzubringen.

**„Mit Logik die Welt begreifen",**
ISBN 978-3-936624-04-5, SC, 380 S. (2005) 29,80 €
ISBN 978-3-936624-07-6, HC, 380 S .(2005) 39,80 €
sowie als **E-Book** mit ISBN 978-3-936624-23-6

Engl. Übersetzung:
**"To Perceive The World With Logic"**
ISBN 978-3-936624-08-3, SC, 340 p. (2007) 29,80 €
sowie als **E-Book** mit ISBN 978-3-936624-09-0

**„Wer stirbt, ist nicht tot!"**
ISBN 978-3-936624-12-0, SC, 272 S. (2011) 24,80 €
ISBN 978-3-936624-13-7, HC, 272 S. (2011) 35,00 €
sowie als **E-Book** mit 978-3-936624-21-2

Engl. Übersetzung:
**"Nobody Ever Dies!"**
ISBN 978-3-936624-03-8, SC, 272 p. (2005) 24,80 €
sowie als **E-Book** mit 978-3-936624-22-9 (2015)

**„Unser Schlüssel zur Ewigkeit"** (Roman)
ISBN 978-3-936624-16-8, SC, 316 S. (2015), 18,00 €
sowie als **E-Book** mit ISBN 978-3-936624-27-4

Engl. Übersetzung:
**„Our Key To Eternity"** (Novel)
ISBN 978-3-936624-18-2, SC, 308 p. (2016), 18,00 €
sowie als **E-Book** mit ISBN 978-3-936624-31-1 (2016)

Vertrieb durch: Book-on-Demand (BoD);
In de Tarpen 42, 22848 Norderstedt, Fax 040-534335-84; www.bod.de

Herausgeber: van Laack GmbH, Buchverlag (Verkehrs-Nr: 12184)
Roermonder Str. 312, 52072 Aachen Fax 03212-9319310, ,
Email: webmaster@van-Laack.de
www.vanLaack-Buch.de - www.van-Laack.de
www.vanLaack-Book.eu - www.van-Laack.com

Weitere Bücher von Prof. Dr. Walter van Laack siehe Bücherliste am Ende des Buches

# Nahtoderfahrungen aus medizinischer Sicht:
# Ein Resümee nach 40 Jahren NTE-Forschung

## Prof. Dr. med. Walter van Laack

**Facharzt, Hochschullehrer, Autor natur- und existenzphilosophischer Bücher**
www.van-Laack.de - www.vanLaack-Buch.de - www.Dr-vanLaack.de

Seit gut 40 Jahren werden Nahtoderfahrungen (NTE) zunehmend auch öffentlich präsent. Nach wie vor stehen vor allem Erfahrungsberichte, zumeist ohne, aber manchmal auch mit nachweisbaren Inhalten und Erinnerungen im Vordergrund.

Im Jahr 2004 startete die US-amerikanische *Near-Death-Experience-Research-Foundation (nderf)* über das Internet eine zeitlich unbegrenzte und für jedermann offene Sammlung von NTE zur statistischen Verwertung – zunächst nur in den USA, bald aber weltweit. Eine erste Zwischenbilanz im Jahr 2008 ergab bei bis dahin 617 erfassten Fällen ein sehr interessantes Bild, das sich von Ergebnissen anderer Erhebungen auch kaum unterscheidet:

So hatte zum Beispiel etwa die Hälfte aller „Nahtoderfahrenen" (NTEler) eine außerkörperliche Erfahrung („Out-of-Body-Experience", OBE). Ebenso gab etwa die Hälfte an, von einer mystischen oder – noch weit häufiger – von einer ihm nahestehenden Person empfangen und begrüßt worden zu sein, wobei dann diese Personen durchweg bereits verstorben waren. 95% hielten ihr Erlebnis für absolut real, 5% waren sich bloß nicht ganz sicher. Gut 80% gaben an, dass ihr Denken und ihre Orientiertheit deutlich „klarer als sonst im Leben" waren, und jeweils etwa 75% aller erfassten NTEler fühlten dabei tiefen Frieden und sahen sich „von großer Liebe getragen". Genauso viele veränderten nach ihrem außergewöhnlichen Erlebnis ihr weiteres Leben. Die meisten wurden spiritueller. Materielle Dinge waren vielen nicht mehr ganz so wichtig wie vorher. Ihr Leben sahen sie nun oft viel gelassener, und fast alle verloren die Angst vor ihrem späteren Tod. Nur ungefähr 5% machten negative Erfahrungen unterschiedlicher Art und Ursache.

Wenngleich also die positiven Auswirkungen der NTE weit überwiegen, so gibt es vereinzelt leider auch negative Spätfolgen: Im Extremfall erhöht sich sogar das Suizidrisiko; denn überwältigt von dem Erlebnis versucht manch einer, sich später wieder in die für ihn so unbeschreiblich schöne Situation zurück zu manövrieren.

Gar nicht selten leiten vor allem vielleicht ohnehin schon exzentrisch oder auch narzisstisch veranlagte Personen aus ihren letztlich doch in der Regel subjektiven Erfahrungen trotz mangelnder Verifizierbarkeit nun recht exklusive Erleuchtungs- und Wahrheitsansprüche ab. In leichteren Fällen münden sie bloß in einen dann schwierigen Umgang mit anderen Menschen, besonders mit ihnen nahestehenden Personen. Bisweilen erwächst daraus aber schon mal eine persönliche Legitimation zu missionarischem Handeln. Sehr problematisch kann es dann werden, wenn später subjektive und objektive Realität vermischt werden und die Betroffenen, wieder „zurück im Diesseits", ihre Erfahrungen mit großer Phantasie maßlos zu „himmlischen Botschaften" übersteigern. Vermutlich führen solche Fälle ab und an sogar zu neuen religiösen Strömungen, bzw. sind vielleicht schon immer eine Mitursache für auch heute bestehende Religionen gewesen.

Bereits seit Anbeginn seiner Existenz scheint „der Mensch" ganz offensichtlich „drei Kernüberzeugungen" zu besitzen: Zum einen scheint er schon immer davon überzeugt zu sein, dass es eine höhere, ihm überlegene Existenz gibt, die er als Gott im Sinne einer „höheren und ihm überlegenen Einheit" oder auch – im Plural – als „Gottheit(en) einer dann oft reichlich bevölkerten göttlichen Ebene" verstand. Außerdem glaubt er schon immer an einen „Geist" oder eine „Seele", die ihn eigentlich ausmachen und auszeichnen, aber nicht mit seinem Körper identisch sind und auch nicht als reines Produkt von diesem angesehen werden.

Und schließlich ist er – mehr oder weniger ausgeprägt – schon immer auch von dem Überleben des eigenen Todes in irgendeiner Form überzeugt gewesen.

Grabbeigaben, Höhlenmalereien und viel später dann schriftliche Überlieferungen zeugen hiervon zuhauf. Erst in der heutigen Zeit ist es in einigen Teilen der Welt „nicht mehr sehr modern", an ein Überleben des eigenen Todes zu glauben. Viele werten diesen Unglauben dann sogar als Ergebnis von Vernunft und Aufklärung. Zugleich sind zwar in weiten anderen Teilen der Welt die Menschen eher davon überzeugt, ihren Tod zu überleben, verbinden das aber meistens fest an letztendlich allein von ihnen selbst konstruierte Lebens- und Glaubensvorstellungen, die sie jedoch dann, als „von Gott – oder wem auch immer – gegeben", betrachten und missionarisch weitervermitteln. Das Überleben des Todes wird damit oft zu etwas sehr Exklusivem, für das man sich „hier" erst – zum Beispiel durch den speziellen Glauben an vermeintlich „von Gott gegebene" Vorstellungen – qualifizieren muss. Ich kann keiner dieser Einschätzungen irgendetwas abgewinnen: Dass man den Tod überlebt, halte ich aufgrund unzähliger Hinweise – auf übrigens ganzer wissenschaftlicher Breite und kombiniert mit einer streng logischen, Tellerrand übergreifenden Bewertung – für sehr wahrscheinlich. Wenn es aber das Überleben des Todes gibt, dann sicher für alle und alles in analoger Weise auf Basis grundsätzlicher natürlicher Prinzipien und universeller Gesetzmäßigkeiten.

Weiter nehme ich an, dass der Mensch erst durch eine vollkommen neue, rein *geistige* Qualität überhaupt Mensch wurde. Hierbei handelt es sich um die erst bei ihm in unvergleichlicher Weise ausreifende Fähigkeit, *abstrakt* zu denken und damit in einzigartiger Weise befähigt zu werden, über sich selbst, seine gesamte Umwelt, seine Vergangenheit und seine mögliche Zukunft zu reflektieren.

Die vorgenannten drei „Kernüberzeugungen" oder „Grundauffassungen" von der Welt, in der er lebt, und seiner eigenen menschlichen Existenz, dürften im Laufe vieler Jahrtausende alle Religionen begründet, in ihrer jeweiligen Entwicklung geprägt und wesentlich flankiert haben. Zu dieser Entwicklung haben im Laufe der Zeit dann stets auch zahlreiche Erzählungen von Menschen mit Nahtoderfahrungen und anderen „Außergewöhnlichen Bewusstseinserfahrungen" (ABE) beigetragen. Das alles wurde dann von Generation zu Generation weitergetragen, jedoch wohl kaum, ohne dabei immer wieder durch zahlreiche Interpretationen ergänzt und natürlich auch durch manch neue Geschichten mehr oder weniger stark verändert worden zu sein. Früher war das, was wir heute „Stille Post" nennen, sicher noch viel mehr ein zentraler Bestandteil jeder Überlieferung.

Nahtoderfahrungen sind keineswegs eine moderne Erfindung, wenngleich sie heute häufiger denn je vorkommen *müssen*, da wir inzwischen Menschen ungleich öfter erfolgreich wiederbeleben können. Früher wird das wohl eher selten überhaupt der Fall gewesen sein: Manch einer kam sicher spontan wieder zu sich und hat so eine schwere Krise, die ihn an den Rand des Todes führte, auch damals schon überlebt.

Wie wir heute längst wissen, sind „echte" NTE nur ein kleiner Ausschnitt von vor allem in Stresssituationen häufiger spontan auftretenden, sog. „Außergewöhnlichen Bewusstseinserfahrungen" (ABE). Dazu zählen auch sog. „Na<u>ch</u>toderfahrungen". Hiermit bezeichnet man ABE, die jemand in einer mehr oder weniger großen zeitlichen Nähe zum Tod eines oft geliebten, in der Regel aber zumindest irgendwie nahestehenden Verstorbenen macht. Manchmal nehmen die Betroffenen dabei den Verstorbenen visuell oder/und akustisch klar und eindeutig wahr. Sie würden schwören, eine absolut reale Erfahrung gemacht zu haben, auch wenn dies aus wissenschaftlicher Sicht eigentlich unmöglich der Fall sein konnte.

Eine Nahtoderfahrung hatte mit hoher Wahrscheinlichkeit auch Apostel Paulus: Im 2. Korintherbrief spricht er in dafür typischer Weise von einem eindrucksvollen Erlebnis, das wirklich plausibel nur als NTE gedeutet werden kann (12.2 ff.).
Wir wissen, dass Paulus lange Christen verfolgt hatte (Saulus). Doch sein Erlebnis veränderte ihn derart, dass er später Christ und damit selbst zum Verfolgten wurde. Auch verschiedene Religionsstifter, wie etwa Gautama Buddha oder Mohamed, dürften vermutlich ähnliche Erfahrungen im Sinne einer ABE – oder gar speziell einer NTE – gemacht haben, die ihr weiteres Wirken nachhaltig beeinflussten.
Ziemlich sicher verbürgt ist eine NTE auch bei dem berühmten Mathematiker *Blaise Pascal (1623-1662)*. Wenige Tage nach einem schweren Kutschenunfall, bei dem er sich ein Schädelhirntrauma zugezogen hatte, kam es im November 1654 zu seinem „Erweckungserlebnis". Pascal notierte es im Überschwang des Glücks auf einem Zettel, das er Mémorial nannte. Er nähte es in das Futter seines Jacketts ein, wo es erst nach seinem Tod gefunden werden sollte. Kaum jemandem ist heute bekannt, dass Pascal nach seinem Erlebnis viele theologische Schriften verfasst hat. Vorher wäre ihm das sicher nicht in den Sinn gekommen, wie zahlreiche Dispute mit seiner eher christlich-sektiererischen Familie heute belegen.
Allen hier genannten Personen und vielen anderen NTElern ist bis heute gemein, dass sie es danach lange Zeit strikt vermieden, darüber mit jemandem zu sprechen. Zu groß war früher – und ist auch heute noch – ihre Angst für verrückt gehalten und zuweilen sogar verfolgt und durch Gerichte verurteilt zu werden.
Doch ihre Nahtoderfahrung oder ihre zumindest NTE-ähnlichen ABE prägten alle diese Menschen und ihre weiteren Leben letztlich profund und dauerhaft. Manch einer wiederum leitete aus seinem eigenen subjektiven Erlebnis einen Auftrag zur Mission ab und drückte damit dem Leben und den Geschicken vieler seiner Mitmenschen – sogar ganzer Generationen und Jahrhunderte – seinen Stempel auf.

Ende des 19. Jahrhunderts brachte es der Schweizer Geologieprofessor Albert Heim zu einer umfangreichen Sammlung merkwürdig klingender Schilderungen von Absturzopfern in den Alpen, die ihren Kletterunfall überlebt hatten. Sie alle ähneln sich sehr, entsprechen den typischen Mustern von Nahtoderfahrungen und spiegeln die damit verbundenen überwältigenden Gefühle ergreifend wieder.

Mit sicher hoher Wahrscheinlichkeit lässt sich heute also zu Recht annehmen, dass Nahtoderfahrungen, bzw. ABE im Allgemeinen, schon immer präsent waren und die ganze Menschheit entscheidend und nachhaltig geprägt haben dürften.

Einer breiten Öffentlichkeit wirklich nahegebracht wurden NTE dagegen erst Mitte der 1970er Jahre, vor allem durch *Raymond Moody* und *Elisabeth Kübler-Ross*, die in dieser Zeit ihre weltbekannten Bücher veröffentlichten. Auch wenn sie damit heute sehr oft gemeinhin als Begründer der Erforschung von Nahtoderfahrungen gelten – es stimmt nicht: Man sollte nicht vergessen, dass schon vorher der neurologische Chefarzt der bekannten Bodelschwingschen Anstalten in Bethel, *Echkart Wiesenhütter*, mit seinem sehr schönen, aber leider nicht so bekannten Buch *„Blick nach Drüben"*, NTE wissenschaftlich thematisiert hatte.

Die naturwissenschaftliche Sicht auf NTE, vor allem die der meisten Mediziner und Hirnforscher, ist auch heute, nach gut 40 Jahren, noch überwiegend wie folgt: NTE seien Halluzinationen eines sterbenden, aber eben nicht ganz toten Gehirns als Folge von Sauerstoffmangel oder von Drogen, ganz gleich ob von außen zugeführt oder vom Körper, speziell im Gehirn, selbst produziert. Mit dem Tod ist demnach definitiv alles aus und vorbei. Dieses Credo wird zumindest in der breiten Öffentlichkeit weiterhin gebetsmühlenartig wiederholt.

Heute, nach 40 Jahren Nahtodforschung, erscheinen diese immer wieder aufs Neue präsentierten „physiologischen Ursachen" jedoch eher äußerst fragwürdig.
*Sauerstoffmangel* könnte zwar durchaus spezielle Phänomene einer NTE wie etwa Tunnel- und Lichtphänomene *zum Teil* erklären, aber weder weitere Inhalte der NTE, die mögliche Symbolik, noch die mit ihr regelmäßig verbundenen, tiefen Gefühle und spirituellen Erlebnisse oder gar ihre häufigen Nachwirkungen auf das Leben. Darüber hinaus treten dieselben Nahtoderfahrungen selbst dann auf, wenn es keinen Sauerstoffmangel gibt, wie zum Beispiel unter Operationsbedingungen.
*Halluzinationen* könnten sicher auch einige NTE-Inhalte erklären, sofern sie reinen Anekdotencharakter besitzen. Gleichwohl müssen sie völlig passen, wenn es um die spirituelle Seite des Phänomens geht. Und Außerkörpererfahrungen (OBE), bei denen Dinge und Vorgänge gesehen und gehört werden, die definitiv außerhalb des Erfahrungshorizontes der Betroffenen etwa zum Zeitpunkt ihrer Reanimation liegen, erklären sie überhaupt nicht – also beispielsweise das Sehen eines Schildes unter dem OP-Tisch, auf dem der NTEler lag und später genau beschreibt, das Hören eines kuriosen Namens des ihn wiederbelebenden Arztes, den er nie zuvor kennengelernt hatte, oder die Wiedergabe ganzer Gesprächsinhalte von Ärzten und die Beschreibung verwendeter OP-Instrumente, während seine Hirnströme bei Null lagen. Obwohl viele solcher OBE mit später nachprüfbaren Inhalten belegt sind,

und ihre Liste von Tag zu Tag länger wird, nehmen das zahlreiche Wissenschaftler einfach nicht ernsthaft zur Kenntnis und behaupten frech systematische Fehler in der Beweisaufnahme. Sie urteilen vorschnell und penetrant nach dem altbekannten Motto, es könne eben nicht sein, was nicht sein dürfe.

Dass Halluzinationen obendrein zumindest noch weitgehend intakte Sinnesorgane benötigen, vor allem aber ein noch ausreichend gut funktionierendes *Großhirn*, wird ebenfalls nur allzu gerne missachtet, wenn Erfahrungen geschildert werden, bei denen all das einfach nicht mehr gegeben war.

Auch dass Nahtoderfahrungen universellen Mustern folgen und nur die jeweiligen Interpretationen und inhaltlichen Ausschmückungen individueller Natur sind und dann von kulturellen, religiösen oder Bildungshintergründen abhängen, hindert viele Skeptiker nach wie vor nicht daran, sie durchweg Träumen zuzuschreiben. Doch Träume haben keinen „Roten Faden", sie sind immer individuell, und jeder träumt etwas anderes.

Psychologische Argumente dürfen natürlich ebenso wenig fehlen, sind jedoch auch nicht zielführend: Als psychodynamisch induzierte Rückwärtsgewandtheit werden etwa zusammenhängende Lebenspanoramen gedeutet, die NTEler immer wieder schildern. Aus Todesangst vor dem nahenden Ende flüchteten sie „rückwärts" in ihr Leben zurück – so meint man. Interessanterweise sind die Betroffenen jedoch nie bloß passive Zuschauer, sondern vielmehr in höchstem Maße selbst aktiv am Geschehen beteiligt und nehmen dabei vor allem die Auswirkungen ihres früheren Handelns aus Sicht ihrer Nächsten und wieder deren Nächsten war, positive wie negative Aspekte gleichermaßen. Dumm gelaufen, müsste man entgegenhalten, wenn die Betroffenen damit auf ihrer Flucht vor dem Unausweichlichen in vielleicht noch größerem Schlammassel landen. Und klingt es obendrein nicht wie blanker Hohn, wenn so viele Menschen es gerade sehr bedauern, dass man sie aus ihrer Todesnähe erfolgreich zurückgeholt hat – ja manche das überhaupt nicht verstehen können, und wieder andere sogar versuchen, später möglichst in dieselbe Nahtodsituation zurückzukehren?

Das widerspricht im Übrigen auch dem oft zitierten Argument, NTE seien Folge eines Wunschdenkens, genauso wie die Tatsache, dass man „auf der anderen Seite" nicht selten von Personen begrüßt und empfangen wird, die man zu Lebzeiten nicht einmal kannte, da sie schon länger verstorben waren. Bei Kindern, die eine NTE schildern, findet sich dies naturgemäß besonders häufig

Keineswegs sind schließlich NTE-Inhalte nur mit Zugriffen auf ein (ja selbst auch wieder nur hypothetisches) „kollektives Unbewusstes" zurückzuführen, also auf unpersönliche Erfahrungsinhalte der Menschheit im Allgemeinen, wie im 20. Jahrhundert von dem bedeutenden Psychoanalytiker *Carl Gustav Jung* vorgestellt. Nachdem Jung im Jahr 1943 selbst eine Nahtoderfahrung hatte, änderte sich seine Meinung dazu diametral, wie ein Brief an eine Freundin B. im Juli 1944 beweist.

Die meisten Argumente von Kritikern zeigen am Ende nur eines: Einzelne Teile von NTE sind zumindest bis zu einem bestimmten Grad durchaus physiologisch erklärbar, das Gesamtphänomen NTE jedoch keineswegs – weder quantitativ, d.h. in seiner Komplexität und Vielzahl der einzelnen Elemente, noch qualitativ, also in der emotionalen Tiefe des jeweils Erlebten.

Genauso könnte man auf den Gedanken kommen, Leonardo da Vincis Mona Lisa mit den Teilmengen der benutzten Farben, der Art ihrer Zusammensetzung, der Anzahl diverser Farbschichten oder der Faserstruktur des bemalten Pappelholzes zu beschreiben. Über die mit dem Betrachten des Kunstwerks verbundenen Gefühle und über seine Wirkung auf den Betrachter würde all das nicht im Geringsten etwas aussagen können. Doch gerade das ist das Entscheidende.

Selbstverständlich *müssen* die verschiedenen Teilaspekte von Nahtoderfahrungen immer *auch eine physiologische Komponente* besitzen; denn auch ein sterbender Körper mit nachlassenden Sinneskräften und einem allmählich oder gar abrupt versiegenden Großhirn als allgemein akzeptierte oberste Denkzentrale ist immer noch ein lebender Körper, wenngleich auf immer kleinerer Flamme. Und so trägt er immer noch seinen Teil dazu bei – so wie auch die Farben bei der Mona Lisa einen wichtigen Teil zum Ganzen beitragen. Die Struktur des Holzes, die diversen Farben, ihre Zusammensetzung und die abgestuften Farbschichten sind bei diesem Gemälde der *materielle* Teilaspekt. Jedoch macht es einen Unterschied, ob nun mit denselben Utensilien und Mengen ein Affe auf einer Leinwand herumkleckst oder Leonardo seine Werke malt. Mit ihrer *„geistigen"* Grundverschiedenheit sind Affe und Mensch selbst unterschiedliche Schnittstellen zwischen dem zunächst noch identischen, objektiv messbaren „Ausgangsmaterial" und den mit ihrer Hilfe erst durch die fertigen Werke erzielten, nun aber nicht mehr objektiv messbaren und auch nicht identischen Eindrücke, die sie beim Betrachter hinterlassen.

In derselben Weise ist auch das Gehirn eine solche Schnittstelle, über die sich physiologische, d.h. materielle Aspekte, und eine wohl unermesslich größere, von uns nicht mehr gleichermaßen objektivierbare, neue Realität die Hand reichen.

Auf Seiten der Wissenschaften versucht man heute zunehmend, sich möglichst auch mit experimentellen Studien dem Phänomen NTE anzunähern.

Alle bisherigen statistischen Studien zeigen, dass Nahtoderfahrungen recht häufig vorzukommen scheinen und, wie ich schon einleitend erläutert habe, von fast allen Betroffenen (oder den hiervon Beschenkten) als ein reales und beglückendes, ja für viele geradezu überwältigendes Erlebnis betrachtet werden, das sehr oft mit einschneidenden Veränderungen im eigenen späteren Leben einhergeht und ihnen fast durchweg die Angst vor dem einmal unausweichlichen Tod nimmt.

Bis heute prägt fast alle medialen Beiträge zu NTE immer noch nachhaltig eine nur scheinbar aufsehenerregende Veröffentlichung des Schweizer Neurologen *Olaf Blanke*. In der renommierten Zeitschrift *Nature* platzierte er 2002 eine Fallstudie, in der er behauptete, man könne durch Elektrostimulation des Gehirns Out-of-Body-Experiences (OBE) provozieren.[23] Er berichtete von einer Patientin, die sich

---

[23] Blanke, O. et al. (2002), „Stimulating illusory own-body perceptions", Nature 419, 269-270

unscharf von oben sah, jedoch nur den unteren Teil ihres Rumpfes und die Beine. Auch sprach sie von visuellen Verzerrungen: So seien ihre Beine kürzer geworden und hätten sich auf ihr Gesicht zu bewegt.

Nahtoderfahrene mit OBE dürften sich in einer solchen Schilderung jedoch kaum wiederfinden. Tatsächlich empfindet sich der NTEler während seiner Erfahrung zumeist als *voll orientiert* und mit sogar *klarerem Denken als sonst* (80%).[24]

Auch werden Dinge und Personen der „zurückgelassenen Welt" stets als authentisches Ganzes gesehen und niemals bloß verzerrt und in Teilen.

Olaf Blanke hat sicher niemals eine (echte) OBE provoziert. Dennoch attestieren ihm selbst im Jahr 2015 noch *Berger, Sterz* und *Beistein* aus Wien in der medizinischen Fachzeitschrift *IntensivNews „bahnbrechende Arbeiten"*, seit denen *„spätestens bekannt"* sei, *„dass vergleichbare Wahrnehmungen vom Hirn produziert und experimentell durch gezielte parietale Kortexbereiche künstlich hervorgerufen werden können."*[25] Diese Darstellung ist vollkommen abwegig und entbehrt tatsächlich jeglicher wissenschaftlichen Grundlage.

Im Jahr 2009 stellte eine Gruppe von Wissenschaftlern der George Washington Universität in den USA durch Messung von Hirnströmen (EEG) an sieben sterbenden Patienten fest, dass ihre Hirnaktivität kurz vor ihrem Tod deutlich – aber zugleich sehr kurz – ansteigt.[26]

Ihr Teamleiter *Chawla* interpretierte diese Entdeckung wie folgt: *„Alle Neuronen im Gehirn sind miteinander verbunden. Erhalten sie keinen Sauerstoff mehr, so verlieren sie ihre Fähigkeit, Ströme zu erzeugen. Stoppt die Durchblutung, dann geben alle Neuronen nahezu zur gleichen Zeit nochmals verstärkt Signale ab, und es entsteht eine Art Domino-Effekt. Dieser könnte die vermehrte Hirnaktivität erklären."* Weitere Studien in diese Richtung folgten, etwa durch *Auyong (2010)*[27] und *Tononi (2012)*[28]

Im Jahr 2013 veröffentlichte die amerikanische Forschergruppe um *Borjigin* von der University of Michigan in Ann Arbour (USA), man habe an neun Ratten *nach* ihrem experimentell herbeigeführten Tod plötzlich einsetzende Hirnaktivtäten feststellen können.[29] Bei allen Versuchsratten wurden 90 Minuten lang EEGs aufgezeichnet, zunächst im Wachzustand, dann unter Narkose (insgesamt 60 Minuten) und schließlich noch eine Zeit nach ihrem Herzstillstand (30 Minuten), sowohl über der Stirn, dem Scheitel, als auch am Hinterkopf und immer alles beidseitig. Wie erwartet kam es nach dem Herzstillstand zunächst auch zum abrupten Abfall der gemessenen Hirnaktivitäten auf Null.

---

[24] Near-Death-Experience-Research-Foundation (nderf)-Studie, USA, 2004-2008, n=617 Fälle.

[25] Berger, L., F. Sterz, R. Beistein, „Bewusstsein bei Herzstillstand?", IntensivNews 5-2015

[26] Chawla, L. et al., (2009) „Surges of Electroencephalogram Activity at the Time of Death: A Case Series", J. Palliative Med. 12(12), doi:10.1089/jpm.2009.0159

[27] Auyong, D.B., et al. (2010), „Processed electroencepghalogram during donation after cardiac death", Anesth. Analg. 110(5), 1428-1432.

[28] Tononi, G. (2012), „Integrated information theory of consciousness: An updated account", Arch. Ital. Biol. 150(2-3), 56-60

[29] Borjigin, J. et al., „Surge of neurophysiological coherence and connectivity in the dying brain", doi: PNAS 10 (2013), doi:10.1073/pnas.1316024110

Doch bei genauerer Betrachtung der Hirnstromkurven fiel auf, dass es etwa 10 Sekunden nach dem Herzstillstand für bis zu 20 Sekunden plötzlich zu einem völlig unerwarteten Schwall neuer Hirnaktivitäten kam. Außerdem waren diese Hirnströme unter allen Elektroden gleichzeitig feststellbar und absolut kohärent. Der Wellenverlauf der Stromkurven war präzise koordiniert und entsprach den Aktivitätsmustern, die ein Gehirn im Wachbewusstsein bei höchster Konzentration aufweist, worauf die Autoren selbst explizit hinweisen. Sie betonen in ihrem Beitrag deshalb auch die Ähnlichkeit mit der *„großen Klarheit und einer ‚realer als realen' Geisteserfahrung, wie sie von Nahtoderfahrenen berichtet werden"*.

Obwohl es sich hier nur um Untersuchungen an Ratten handelt, extrapoliert man die Ergebnisse auf das Phänomen der Nahtoderfahrung beim Menschen und nimmt an, diese Aktivitäten könnten sie erklären. Evolutionsbiologen deuten sie sogar als eine Art „physiologisches Abschiedsgeschenk der Natur" an den Sterbenden. Dabei ist eine solche Erklärung kurios: Durch dieses Geschenk solle danach dem Menschen im letzten Moment die Angst vor seinem Tod genommen werden. Diejenigen, die ihren nahenden Tod überlebten, könnten ihren Nächsten und der Gesellschaft davon berichten. Unter den Menschen würde sich so der Glaube in ein „Danach" verbreiten, was sie wieder beruhigen würde und auf Umwegen damit auch wieder der Arterhaltung dienen könnte. Die Evolution „entschädige" den Menschen also quasi dafür, dass sie ihm das abstrakte Denken und sein Bewusstsein „anentwickelt" habe, wozu ja auch die bewusst gewordene Erkenntnis zählt, sterben zu müssen.

Dieses aus meiner Sicht recht abstruse Denklabyrinth soll hier aber nicht weiter diskutiert werden. Es sei jedoch die Frage gestattet, welchen Sinn es für Ratten und vermutlich andere Säuger habe, die den Tod gar nicht erst abstrahiert überdenken können? Entscheidender sind an dieser Stelle deshalb nur die tatsächlichen Ergebnisse. Sie bedürfen aber wohl auch einer subtileren Nachbetrachtung:

1) Das „Leuchten" oder „Blinken" einzelner Bereiche im Gehirn im Kernspin ist zwar immer ein Hinweis darauf, dass dieser spezielle Hirnbereich gerade an einer Leistung *mitbeteiligt* ist. Daraus kann aber noch nicht geschlossen werden, dass diese Leistung dort auch *produziert* wird. Schon gar nicht kann aus dem „physiologischen Leuchten" auf die *Qualität* dessen geschlossen werden, was der jeweilige Inhalt für das betroffene Wesen, gleich ob Tier oder Mensch, bedeutet. Genausowenig kann aus dem Farbgehalt eines Bildes an irgendeiner Stelle auf das tatsächliche Bild oder sogar auf seine Wirkung auf den jeweiligen Betrachter geschlossen werden.

2) Auch wenn sich ähnliche Aktivitätsmuster in unmittelbarer Todesnähe, bzw. sogar kurz danach, nicht nur bei Ratten, sondern durchweg auch beim Menschen finden ließen, was in einer Fallstudie tatsächlich der Fall war (siehe vorher, Chawla et al., 2009): Wenn man sie mit NTE in Verbindung bringen möchte, sollte man sich dann doch genauso fragen, was für Nahtoderfahrungen denn nun Ratten haben?

3) Wieso fallen im Gehirn erst alle elektrischen Aktivitäten komplett aus, um dann kurz später plötzlich, mit voller Power und gleichmäßig über das ganze Gehirn verteilt, koordiniert neu aufzuleuchten? Dazu sollte man schon mit einer besseren Erklärung aufwarten können, als es die Autoren, wie eingangs erwähnt, dann tun; denn das Ganze ist vergleichbar mit einem plötzlich leuchtend hellen Nachthimmel über den städtischen Metropolen im dicht besiedelten Westeuropa, obwohl kurz zuvor alle Stromversorger ihre Energiequellen abgeschaltet haben.

In zahlreichen Büchern[30] habe ich ausführlich dargelegt und diskutiert, dass die ganze Welt vermutlich wie die zwei Seiten einer Medaille aus zwei realen, polarsymmetrischen „Basiswelten" besteht, die sich gegenseitig speisen und bedingen, wobei ein Teil der einen immer auch in der anderen enthalten ist.
Im altchinesischen Yin und Yang – Symbol ist das wohl am Schönsten dargestellt. Eine davon nehmen wir als „materielle Welt" mit unseren Sinnen wahr. Sie ist die „letzte und äußere Welt". Die andere, „erste und innere Welt", ist eine „informationelle Welt". Auch sie erfahren wir ständig, jedoch nicht mit denselben, materiellen Sinnen.[31]
Alles „Materielle" ist somit nur die „Außenansicht" des ihm innewohnenden „Informationellen". Es ist eine Art „kondensierte Information".
Das Materielle reift und differenziert zu immer größerer Komplexität. Parallel dazu, womöglich aber dem sogar voraus, reift und differenziert auch das ihr innewohnende „Informationelle" zu immer komplexeren „Informationsclustern".
Während das Materielle nach Erreichen des Zenits dem Gesetz der Entropie folgt und zu immer größerer Unordnung strebt, d.h. vergeht oder stirbt (zyklischer Prozess), entwickelt sich das Informationelle stets weiter aufwärts (linearer Prozess). Höhere „Reifungsgrade" solcher komplexer „Informationscluster" sind im Allgemeinen „Bewusstsein" und im Speziellen „eine Persönlichkeit".
Wenn dem aber so ist, muss es auch zahlreiche „Schnittstellen" zwischen diesen beiden „Basiswelten" – und zugleich zwei Seiten derselben Medaille – geben.

Unser Gehirn ist wohl eine von vielen solcher Schnittstellen: Hier kommt es ständig zu einer Transformation von Wahrnehmungen aus der Peripherie, wie z.B. von Sinneserfahrungen, in den persönlichen Informationsraum. Dies nennen wir dann Bewusstseinserweiterung(en). Genauso kommt es umgekehrt zu einer Decodierung von Informationen zu elektrisch, und später auch biochemisch manifestierten Hirnengrammen. Letzteres scheint mir eine plausible Erklärung für diverse, spezielle elektrische Aktivitätsmuster zu sein, die durch bestimmte Gedanken oder Weltbilder, zum Beispiel auch durch „Glauben", „Meditation", „Beten" oder durch bestimmte „Hypnosetechniken", immer wieder erzeugt und dann messtechnisch dargestellt und somit nachgewiesen werden können.

---

[30] zum Beispiel: van Laack, W., „Unser Schlüssel zur Ewigkeit" (Roman, 2015); „Wer stirbt, ist nicht tot!" (Sachbuch, 2011), „Mit Logik die Welt begreifen" (Sachbuch 2005), u.v.m. in deutsch und englisch, siehe www.vanLaack-Buch.de sowie Bücherliste am Ende dieses Buches.
[31] Betrachtet man das Gehirn aber wie ich als eine Schnittstelle, dann könnte man es nun auch als ein weiteres, echtes Sinnesorgan betrachten, welches mit der „informationellen Welt" verbunden ist, s.o.

Der Tod ist nach meiner Auffassung bloß eine weitere Schnittstelle, bei der das Gehirn zunächst natürlich auch noch eine zentrale Bedeutung haben *muss*.

In Umkehrung der „Decodierung von Informationen" mit ihrer Manifestation in dann speziellen elektrischen Hirnaktivitätsmustern *im Gehirn* könnte es hier jetzt zu einer „Codierung von bereits bestehenden, materiellen Hirnengrammen" und ihre nachfolgende (Re-)Integration in den eigenen, bereits genauso bestehenden, „komplexen Informationscluster" – die „eigene Persönlichkeit" – kommen.

Vergleichbar Ähnliches sehen wir beim sog. „Piezoelektrischen Effekt": Ein Quarz oder ein Kristall kann mechanische Energie in elektrischen Strom umwandeln, aber auch elektrischen Strom in mechanische Energie. Letzteres ist Alltag in der Ultraschalltherapie einer jeden physiotherapeutischen oder orthopädischen Praxis.

Ähnliches findet sich auch bei Elektrischen Feldern und Magnetismus.

Man sollte somit also gerade die im vorliegenden Fall nachgewiesenen, sehr kohärenten, koordinierten und über das ganze Gehirn so in ungewohnter Qualität gleichmäßig verteilten, plötzlich auftretenden, starken elektrischen Ströme als ein womöglich biochemisch induziertes Backup begreifen, zum Beispiel ausgelöst durch Hormone der Zirbeldrüse des Gehirns (DMT[32]). Dadurch kommt es nun in der Schnittstelle „Gehirn" zu einer Codierung aller dort noch – oder gar allein – „abgespeicherten" Inhalte in den schon immer parallel existierenden, und sich parallel entwickelnden, komplexen und unsterblichen „Informationscluster" – eben der eigentlichen „Persönlichkeit" –, die den soeben verstorbenen oder gerade sterbenden Organismus in einer anderen Welt umgehend vollständig repräsentiert.

Natürlich muss dies dann grundsätzlich für jedes lebende Wesen gleichermaßen gelten, für Ratten also genauso wie für jeden Menschen.

Nur ist das „informationelle Qualitätsniveau" beim Menschen ein höheres; denn hier finden sich tatsächlich bereits in ungleich höheren Maße „Gedächtnis", „Bewusstsein", „klare Orientierung" und „Selbstbewusstsein" ausgeprägt, gepaart mit der Fähigkeit zu „abstraktem Denken und Assoziieren".

Folglich eignen sich die Untersuchungsergebnisse Borjigins und die anderer Forscher viel eher dazu, das „geistige Überleben" des Todes zu *stützen*, als die materialistisch-reduktionistische Vorstellung, nach der der Tod das ultimative Ende darstelle und die NTE ein im Gehirn produziertes letztes Geschenk sei.

Ein ganz anderes Experiment möchte uns nahelegen, unser „Ich" oder unsere „Persönlichkeit" seien pure Illusionen, die uns das Gehirn ständig vorspielt.

Neurowissenschaftler des Stockholmer *Karolinska Instituts* glauben, im Jahr 2015 mit einem Experiment nachgewiesen zu haben, eine OBE sei tatsächlich ein reines Hirnprodukt, somit also eine besondere Halluzination.[33] Leider werden dabei wieder einmal verbürgte OBE, bei denen Erfahrungen außerhalb des persönlichen Ereignishorizontes später verifiziert werden können, von vornherein ignoriert.

---

[32] DMT = DiMethylTryptamin, ein Hormon der Zirbeldrüse im Gehirn = Epiphyse = Corpus Pineale
[33] Guterstam, A. et al. (2015), "Posterior Cingulate Cortex Integrates the Senses of Self-Location and Body Ownership", Current Biology, doi: 10.1016/j.cub.2015.03.059

Für ihre Untersuchungen wurden 15 gesunde Probanden in einen Hirnscanner gelegt und jedem ein Bildschirm fest am Kopf montiert. Auf diesen wurden Bilder von einer Kamera projiziert, die jedoch an einer Puppe herunter schaute, die in der Nähe des MRT-Gerätes auf einer Liege lag. Man vermittelte den Probanden so den Eindruck, sie schauten an sich herunter. Zugleich konnten sie sich im Hintergrund im Kernspin liegen sehen, allerdings nur den unteren Teil ihres Körpers. Damit verstärkte man den Eindruck, die Puppe zu sein. Gleichzeitig wurden zunächst sowohl die echten Beine vor der MRT-Röhre, als auch die Beine der gefilmten Puppe berührt, später dann mit scharfen Instrumenten bedroht. Man stellte nun fest, dass die Probanden sehr schnell der Illusion verfielen, die Puppe *seien* sie selbst, was nach Meinung der Forscher dem Gefühl einer OBE gleichzusetzen sei.

Im Hirnscan fanden sich dazu spezielle Aktivitätsmuster, die sich auch dann nicht änderten, wenn man mit der liegenden Puppe im Raum umherfuhr. Je nach Art und Schwere der „Bedrohung des Dummies" traten dieselben Aktivitätsmuster auf, so dass auch umgekehrt Rückschlüsse gezogen werden konnten. Daraus schließt man, das Gehirn *produziere* in speziellen Bereichen die Illusion eines „Ich", und auch eine OBE sei demnach pure Illusion durch ein eigenständig handelndes Gehirn.

Für heutige Kirmesbesucher sollte es trivial sein, dass wir uns durch besondere Tricks schnell täuschen lassen, insbesondere wenn sie ungewohnt sind und von den bekannten Erfahrungsmustern unseres Alltags fundamental abweichen wie etwa in einem Flugsimulator. Das dürfte wohl auch tatsächlich einen evolutionären Hintergrund haben; denn zur Bewältigung unseres Lebens müssen wir vor allem Alltagssituationen erkennen und richtig einschätzen können.

Mal abgesehen von der seltenen Fata Morgana, kennen wir deshalb solch subtile Täuschungen wie bei Zaubertricks in unserer Umwelt nicht, und das Gehirn ist nicht darauf eingestellt. Die Karolinska-Studie provoziert jedoch eine Illusion wie ein Bühnenzauberer: In unserem Gehirn „blinken" natürlich die im Laufe seiner Entwicklung hierfür präformierten Bereiche, *weil sie damit etwas zu tun* haben, aber *nicht, weil sie etwas produzieren* – und sicher schon gar nicht unser „Ich-Bewusstsein". Viel interessanter wäre eigentlich eine Aussage darüber gewesen, wie lange die Probanden gebraucht haben, das Ganze zu durchschauen und sich dann auch die Hirnaktivitäten entsprechend änderten.

Zum Schluss erlaube ich mir, auf die mit sehr hohen Erwartungen verbundene, multizentrische *AWARE-Studie (AWAreness during REsuscitation)*[34] einzugehen, die zwischen 2008 und 2012 unter Leitung von *Sam Parnia* (University of New York, USA) erhoben wurde, und bei der es um Wahrnehmungen während eines Herzstillstandes ging. Sie wurde an insgesamt 25 Kliniken in mehreren Ländern durchgeführt. In den beteiligten Kliniken wurden jeweils zwischen 50 und 100 Regale hoch an Stellen in solchen Räumen angebracht, von denen man annahm, dass vor allem dort Reanimationen stattfinden würden (z.B. in Notfallräumen, auf Intensivstationen etc.). Auf jedem dieser Regale befand sich ein einfaches Bild, das

---

[34] Parnia S, et al. (2014), "AWARE: AWAreness during REsuscitation, A prospective study". Resuscitation (2014), http://dx.doi.org/10.1016/j.resuscitation.2014.09.004

nur von oben aus betrachtet werden konnte. Im Fall einer Außerkörperlichen Erfahrung (Out-of-Body-Experience, OBE) erhoffte man sich, dass der Betroffene das Bild wahrnehmen und später beschreiben konnte. Über 2000 Patienten, an denen Wiederbelebungsmaßnahmen durchgeführt wurden, bilden den Grundstock dieser Studie. 330 wurden erfolgreich reanimiert. Von diesen konnten später noch 101 detailliert befragt werden. 55 davon hatten einzelne Erlebnisse, wie sie NTEler schildern, 7 hatten eine komplexere NTE, davon zunächst zwei mit einem dann verifizierbaren Erfahrungselement. Nur einer von den beiden konnte jedoch später noch nachbefragt werden. Allerdings erinnerte sich kein Patient an ein montiertes Regalbild. Damit hatte die Studie ihre eigentlich in sie gesetzte Hoffnung nicht erfüllen können. Sind NTE deshalb wieder einmal bloß „Stories"?

Schon das Design der AWARE-Studie scheint mir problematisch zu sein: Allein die Tatsache, dass mehr als Dreiviertel (78%) aller Reanimationen tatsächlich in solchen Räumen stattfanden, in denen sich keine Bildregale befanden, provoziert im Nachhinein ein gewisses Maß an Kopfschütteln. Zudem lässt sich mit einfachen Tricks *beweisen*, dass der Mensch eine sehr selektive Wahrnehmung besitzt.

In einer solch extremen Grenzsituation, in der sich ein NTEler befindet, sollte es sogar unwahrscheinlich sein, dass sich seine Aufmerksamkeit auf derart belanglose Bilder richtet, die in manchen Räumen extra für sie angebracht waren. Natürlich hätte jemand – dann aber rein zufällig – ein Regalbild wahrnehmen können. Bei manch einer NTE wird ja bisweilen auch schon mal recht Belangloses erkannt und später beschrieben, was dann *retrospektiv* zu recht als Hinweis auf die Realität des Erlebnisses gelten darf. Aber das in einer wissenschaftlichen Studie wie dieser *prospektiv* e*inzufordern*, geht jedoch wohl eher an der Realität der selektiven Wahrnehmung des Menschen und dem Charakter einer Extremsituation vorbei.

Trotz ihrer offenkundigen Begrenztheit verliert das Argument, das Bewusstsein sei untrennbar an das Funktionieren des Gehirns gebunden, selbst mit dieser Studie sogar weiter an Boden, da es ja auch hier später Nachprüfbares festzustellen gab. Deshalb möchte ich an dieser Stelle noch einmal auf die unter Leitung des Kollegen *Pim van Lommel* in den Niederlanden durchgeführte und 2001 in der renommierten Zeitschrift *Lancet* veröffentlichten Untersuchung erinnern[35]: Damals hatten von 344 reanimierten Patienten in 10 niederländischen Kliniken 62 (18%) eine NTE, davon 41 (12%) sogar eine komplexe NTE. Weder die Dauer des Herzstillstandes, noch die Dauer der Bewusstlosigkeit bzw. eines sogar nachfolgenden, eventuell sogar wochenlangen Komas, noch die Art und Qualität der während der Reanimation erforderlichen und medizinisch hochtechnischen Gerätschaften hatten irgendeinen Einfluss auf die Häufigkeit des Auftretens einer NTE. Genauso wenig gab es irgendwelche Zusammenhänge zur Dauer eines Sauerstoffmangels, zur Art und Menge verabreichter Medikamente, zu einer vorherigen persönlichen Einstellung des Patienten zum Tod oder eine bestehende Angst davor, bzw. auch nicht zu einem eventuell vorherigen Wissen über NTE aus

---

[35] van Lommel, P. et al. (2001), "Near-death experiences in survivors of cardiac arrest: A prospective study in the Netherlands", *Lancet*, 358, pp. 2039–2045

der Literatur. Sämtliche Einflüsse dieser Art konnten damals in van Lommels Studie explizit ausgeschlossen werden. Im Gegensatz zur aktuellen AWARE-Studie von Parnia hatten 25% der niederländischen Patienten eine OBE, davon mehrere mit später verifizierbaren Wahrnehmungselementen. Zwar waren auch damals vorab versteckte Signale nicht wahrgenommen worden. Jedoch betrug im Unterschied zur AWARE-Studie die Nachbefragungszeit bis zu 8 Jahre nach dem Herzstillstand der Patienten. Und die damaligen Ergebnisse wurden stets korreliert mit denen aus Interviews mit Patienten, die während ihres Herzstillstandes von keiner NTE berichteten.

Nach wie vor gibt es keinerlei Beweise dafür, dass Nahtoderfahrungen das *Produkt* unseres Gehirns sind. Zwar sind für einzelne Passagen einer komplexen NTE durchaus diverse physiologische Erklärungen möglich. Das sollte auch so sein; denn natürlich sollte auch ein sterbendes Gehirn noch eine wichtige Rolle spielen, genauso wie es Tonfolgen oder Frequenzmuster tun, und wie Takte und Akkorde die physikalische Basis einer Sinfonie sind. Auch ein sterbender Körper steuert noch zahlreiche Restfunktionen bei. Das Gesamtkunstwerk „Sinfonie" und die mit ihr untrennbar verbundenen, emotionalen Eindrücke lassen sich damit aber genauso wenig beschreiben, wie mit rein physiologischen Interpretationen die Tiefe und Qualität vieler einzelner Elemente einer NTE als Ganzes, geschweige denn ihre weltweit stets ähnlichen Muster, ihre hohe Komplexität und die mit ihr verbundenen spirituellen Inhalte sowie die später meist lebenslang anhaltenden Auswirkungen auf das Leben der durch sie Beschenkten.

Wie das Gehirn scheinen auch Nahtoderfahrungen eine Schnittstelle zu sein:
NTE sind dann eine Schnittstelle zwischen einer Welt, die wir deshalb als materiell wahrnehmen, weil unsere Sinne so und nicht anders konzipiert sind und funktionieren, sowie einer für uns (noch) nicht begreiflichen, ganz anderen, aber nichtsdestotrotz genauso realen Welt, die hinter allem steht und in allem ist, und die wir ganz allgemein „Informationswelt", oder ein wenig philosophischer, „Geistebene" nennen können. Jedoch stellen dabei die Begriffe „Geist" und „Bewusstsein" immer nur einen mehr oder weniger großen Teilaspekt des sehr viel größeren Ganzen dar. Die Bezeichnung „Informationswelt" mag für viele zwar vielleicht zu nüchtern und abstrakt klingen, sie ist aber sicher viel umfassender!

Die Nahtoderfahrung wird also am Ende selbst zu einer Schnittstelle – zur Schnittstelle zwischen den beiden Mysterien „Leben und Tod".
„Leben" scheint ganz offensichtlich *kein materielles Substrat* zugrunde zu liegen. Vielmehr ist „Leben" selbst wieder ein *Teilaspekt des „Informationellen"*:
„*Leben*" ist wohl eine „das Geistige" (den Geist) oder – wieder einmal nüchterner, dafür aber umfassender – eine die „informationellen Cluster *bewegende Kraft*".
Deshalb kann Leben auch niemals durch den Tod zerstört werden!

**Institut für Kommunikation und Gehirnforschung**
**Günter Haffelder**

Stuttgarter Str. 134, 70469 Stuttgart-Feuerbach
Tel: 0711 8179838, Fax: 0711 8179839,
haffelder(at)t-online.de, www.gehirnforschung.com

## Arbeitsbereiche des Instituts für Kommunikation und Gehirnforschung

### Arbeitsbereich: Lernforschung

• Konzentrationsstörungen, Aufmerksamkeitsdefizite, Wahrnehmungsstörungen
• Überwindung von Lernstörungen, ADS, LRS, Dyskalkulie
• Lernoptimierung, Leistungssteigerung, Kreativitätssteigerung
• Prüfungsangst

### Arbeitsbereich: Cerebralforschung

•      Schädel-Hirn-Traumata, Schlaganfall
•      MS, Parkinson, Alzheimer, Demenzerkrankungen
•      Psychosen, Schizophrenien
•      Auflösung von Traumata

### Arbeitsbereich: Höchstleitung

• Leistungsoptimierung, Kreativitätssteigerung
• Sport, Management

### Arbeitsbereich: Fortbildung

•      Schulungen
•      Trainings
•      Vorträge
•      Pädagogische Tage

### Forschungsprojekte

•      eigene
•      mit Universitäten und anderen Instituten
•      Industrie
•      Verbände

# Nahtoderfahrung aus der Sicht der Gehirnforschung

## Günter Haffelder

**Physiker & Psychologe**
**Institut für Kommunikation und Gehirnforschung, Stuttgart**
www.gehirnforschung.com

## Das Messverfahren

Im Institut für Kommunikation und Gehirnforschung in Stuttgart messen wir mit einem weiterentwickelten EEG-Messverfahren[36]. Durch die Anwendung der sogenannten Fourier-Transformation werden die im normalen EEG abgeleiteten Summenpotentiale in Frequenzanteile zerlegt und online prozessbegleitend aufgezeichnet. Durch die Veränderung der Ableitungspunkte erhalten wir Signale des limbischen Systems, der Schläfenlappen und des Frontalhirns, die wir auf breiter empirischer Basis validiert haben. Durch ein standardisiertes Messverfahren erhalten wir die Gehirnantworten auf akustisch evozierte und ereigniskorrelierte Potentiale. Diese Gehirnreaktionen ergeben in der Kombination mit der Fragestellung und der Problematik des Klienten ein differenziertes Diagnostikinstrument. Durch die auf der Grundlage der individuellen Messung erstellten neuroaktiven Musik können wir dem Gehirn zur Neuorganisation der gemessenen Blockaden, Störungen, Disharmonien gezielt musikalische Impulse als Intervention anbieten, die Lernfenster im Gehirn öffnen und somit plastische Reorganisationsprozesse initiieren.

Durch die Präzision des Messinstrumentes und die Möglichkeit, mit dem modifizierten EEG online Prozesse verfolgen zu können, wird das Messverfahren im Institut auch in der Forschung eingesetzt, wie zum Beispiel bestimmte Geräte, Substanzen, therapeutischer Techniken und Interventionen auf das Gehirn wirken.

## Zur Messung von EEG – Korrelaten nach Nahtoderfahrungen

Durch besondere akustische Signale war es uns schon vor Jahren gelungen, die EEG-Korrelate von Geburtstraumatisierungen als Erinnerungsspuren an das Ereignis im Gehirn zu messen, darzustellen und zu dekodieren. Diese Forschungsergebnisse wurden in der Schrift „Frühkindliche Traumatisierungen" veröffentlicht. In diesem Buch sind auch für an unserer Arbeit Interessierte das Messverfahren und die Grundgedanken zur neuroaktiven Musik dargelegt.

---

[36] EEG = Elektro-Enzephalo-Graphie = Messung von Hirnströmen und Darstellung als Hirnstromkurven

Unsere Hypothese war, dass auch Nahtoderfahrungen (NTE) Erinnerungsspuren im Gehirn geprägt haben und wir nur ein geeignetes Trägermedium finden müssen, um über Resonanzphänomene auch diese Spuren messbar zu machen. Dies gelang nicht über Visualisierungen oder verbale Darstellungen der erlebten Ereignisse, sondern wiederum über besondere akustische Reize, die entsprechende Antwortreaktionen auslösen und diese Erinnerungsspuren messbar machen. Die Messergebnisse zeigen die Spuren eindeutig und diese Spuren sind so charakteristisch, dass wir in unserer alltäglichen Arbeit mit Klienten nach einer Standardmessung die Personen auf Grund der EEG Korrelate inzwischen direkt auf die Frage eines Nahtoderlebnisses ansprechen können, das sich dann in der Regel verifiziert. Weiterhin sind diese Spuren so eindeutig und unterschiedlich von anderen Patterns und korrelieren passgenau zu dem auslösenden Ereignis, dass sie als validiert und auf Grund der Anzahl der dokumentierten Fälle als empirisch abgesichert gelten können.

Aus einer Vielzahl an Messungen sollen hier einige wenige beispielhafte Fälle dargestellt werden.


**Fallbeispiel 1**

Eine junge Frau, rechtshändig, 33 Jahre alt, zeigte prägnante Spuren eines Nahtoderlebnisses während der Messung. Im anschließenden Gespräch berichtete sie, dass sie im Alter von 15 Jahren auf Grund eines Reitunfalls ein Schädelhirntrauma dritten Grades, einen Schädelbasisbruch, eine Rippenserienfraktur mit Pneumothorax (Lungenkollaps), Gesichtsfrakturen, eine Schlüsselbeinfraktur und eine Lungenquetschung erlitten hatte. Sie lag lange im Wachkoma. Daraus erwacht, hatte sie eine Epilepsie und eine Halbseitenlähmung zurückbehalten. Ihre eigene mentale Stärke, gute Therapien und der Faktor Zeit ließen sie nahezu alle körperlichen Symptome überwinden. Der Grund für ihren Besuch im Institut war der Erhalt einer neuroaktiven Musik, um auch die noch verbliebenen Restsymptome zu bearbeiten. Ihre Einstellung, der Körper kennt keine Grenzen, wenn der Geist keine Grenzen kennt, ist die Basis und beste Voraussetzung für jeden weiteren Rehabilitationsprozess. Sie arbeitet inzwischen als Therapeutin in eigener Praxis und sucht den körperlichen Kick in Kampfsportarten und im Fallschirmspringen. Das Spüren des Windes, der beim Absprung aus dem Flugzeug ihren Körper bewegt, fasziniert sie. In unseren Augen sucht sie so eine Erinnerung an die emotionale Qualität des Nahtoderlebnisses in jungen Jahren, da sich die Erinnerungsspur bei ihr nur in der linken Hemisphäre, der bewussten Verarbeitung manifestiert hat.

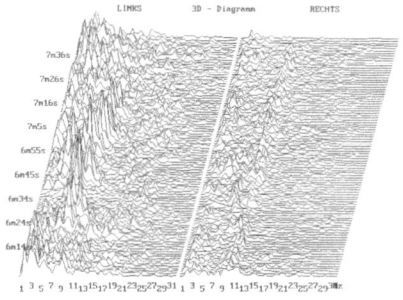

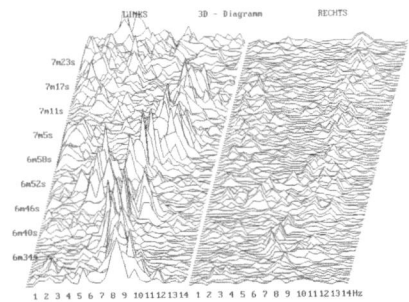

**Abb. 1**
Ausschnittsvergrößerung
der Reaktion auf ein akustisch
evoziertes Potential als
Erinnerungsspur Beginn bei 6 min
24 sec in der linken Hemisphäre

**Abb. 2**
Ausschnittsvergrößerung
der gleichen Reaktion reduziert in der
Analyse auf die Frequenzbereiche bis
14 Hertz

Die beiden Grafiken sind Ausschnittsanalysen aus der Messkurve dieser Klientin. Abbildung 1 zeigt das EEG-spektralanalytische Korrelat als zeitliche Ausschnittsvergrößerung einer insgesamt 10 minütigen Messsequenz als Reaktion auf den besonderen akustischen Reiz. Diese Frequenzaktivierungen im Delta- und Theta-Frequenzband dokumentieren die Erinnerungsspur an das Ereignis. Diese ungewöhnlichen Aktivierungspatterns im Theta und Delta haben wir in dieser Form bisher nur in Messungen von Klienten als Ergebnis erhalten, die ein Nahtoderlebnis hatten, wie sie uns entweder vor der Messung bereits sagten oder nach der Messung auf Befragung bestätigten. In besonderen Forschungsreihen konnten wir vergleichbare Frequenzpatterns unter besonderen Bedingungen aktivieren, wie wir später noch darstellen werden. Die Grafik 2 stellt die gleiche Reaktion wie in Grafik 1 in einer anderen Vergrößerung dar.

Um die Patterns deutlicher darstellen zu können, wurden die Frequenzen 14 Hz bis 30 Hz grafisch abgetrennt, so dass in dem dargestellten Frequenzfenster von 1 bis 14 Hz der Verlauf der Aktivierungen im Delta und Theta deutlicher sichtbar wird.

Interessant ist in diesem Fall auch die Tatsache, dass die Erinnerungsspur sich nur in der linken Hemisphäre abzeichnet. Die junge Frau ist sich der Tatsache des erlebten Nahtods bewusst, hat jedoch keinen Zugang mehr zu der emotionalen Qualität des Erlebnisses, der Lebensrückschau oder der körperlichen Auflösung. Dies macht ihre Suche im Fallschirmabsprung nach der emotionalen Qualität des Erlebnisses erklärbar.

**Zur Funktion der Hemisphären bei Nahtoderfahrungen**

Die linke Hemisphäre aktiviert Tätigkeiten in Verbindung mit der Umwelt und verarbeitet so seriell alle parallel wahrgenommen Informationen der rechten Hemisphäre bewusst und sprachlich. Die rechte Hemisphäre hat den Zugang zu allen unbewussten Prozessen und zu einem immensen Pool an Informationen und Daten.
Die statistischen Auswertungen der Erfahrungsberichte unserer Klienten, die einen Schlaganfall oder das Platzen eines Aneurysmas (Gefäßaussackung) im Gehirn erlitten haben, erhellen diesen Zusammenhang.

War bei diesen Klienten durch ihre Verletzung die Einblutung in der linken Hemisphäre, sodass nur noch die rechte Hemisphäre ohne Beeinträchtigung arbeiten konnte, berichteten sie von einem ozeanischen Auflösen der Körpergrenzen, von einem Erleben von kosmischer Ekstase, der Wahrnehmung eines Lichttunnels, der Begegnung mit dem Göttlichen. Sie nahmen verschwimmende Grenzen wahr und die Auflösung des Körperlichen. Sie waren in der Situation nicht mehr handlungsfähig in der Realität und hatten aber im Nachhinein noch Glücksgefühle in der Erinnerung an das Erlebnis.

Ein Fallbeispiel verdeutlicht dies:
Eine Klientin kam nach abgeschlossenen Rehabilitationsmaßnahmen nach einer erlittenen Einblutung in der linken Hemisphäre zu einer Messung ins Institut, um von uns eine individuelle neuroaktive Musik zu erhalten. Sie wollte damit ihre noch vorhandenen Sprachstörungen und Formulierungsschwierigkeiten überwinden. Wie sie berichtete, hatte sie während ihres Schlaganfalls ganz bewusst die Entscheidung getroffen, in das Leben zurückzukehren, um ihre Erfahrung in dieser anderen Dimension aufzuschreiben und zu veröffentlichen. Für das Gelingen dieses Vorhabens erhielt sie in unserem Institut nach einer Messung ihre individuelle neuroaktive Musik zur Leistungsoptimierung.

Haben die Klienten ihre Verletzung in der rechten Hemisphäre, so dass nur noch die linke Hemisphäre ohne Störung arbeiten kann, haben die Erlebnisberichte danach eine völlig andere Qualität. Diese Klienten sind noch handlungsfähig in der Realität und haben aber keine inneren Bilder, die ihnen eine andere Wahrnehmungswirklichkeit zugänglich machen. Sie suchen nach Erklärungen und hadern nachträglich noch mit ihrem Schicksal.
Ein Klient berichtete, dass er in der Situation, als sein Schlaganfall in der rechten Hemisphäre eintrat, sich gewundert hätte, warum seine Sportkameraden ihn plötzlich in der Turnhalle auf den Boden gelegt hätten. Er habe dann den Sanitätern Anweisungen gegeben, auch noch den linken Arm und das linke Bein mit auf die Trage zu legen und nicht in der Turnhalle zu vergessen. Es war ihm in der Situation unverständlich gewesen, warum diese seine Anweisungen nicht ausgeführt hätten. Emotional war er von dem Erlebnis abgekoppelt und haderte

noch lange Zeit mit seinem Schicksal. Sein Erlebnisbericht verblieb in der Schilderung der Handlungsabfolgen.

**Fallbeispiel 2**

Die zum Zeitpunkt der Messung 18 jährige rechtshändige Frau war schwerhörig, nahezu taub, als sie aus dem Wachkoma erwachte.
Sie hatte die Trennung ihrer Eltern, als sie 10 Jahre alt war, nicht verarbeitet und erkrankte an einem systemischen Lupus erythematodes (Schmetterlingsflechte), einer seltenen Autoimmunerkrankung, die sich gegen die Haut, in seltenen Fällen auch gegen die Körperzellen der Organe richtet. Im Alter von 16 Jahren wurde sie im Krankenhaus nach einer Operation reanimiert und lag danach lange im Wachkoma. Um ihre verbliebene Hörproblematik und die sie extrem belastenden Zukunftsängste zu bearbeiten, suchte sie Hilfe im Institut.
Auf Grund der Hörproblematik wurden die akustischen Signale nicht über einen Kopfhörer während der Messung appliziert, sondern über Kugelschalllautsprecher, sodass sie in diesem holografischen Frequenzverfahren die Signale über das Körperschallempfinden dekodieren konnte.
Die korrelierenden aktivierten Frequenzpatterns zeigen eindeutige Reaktionen.
Zwei ausgewählte Grafiken sind in Abbildung 3 und 4 dargestellt.
Die beiden Messkurven stellen verschiedene akustisch evozierte Potentiale dar, die jedoch beide eindeutig mit Erinnerungen an die Zeit im Wachkoma korrelieren.

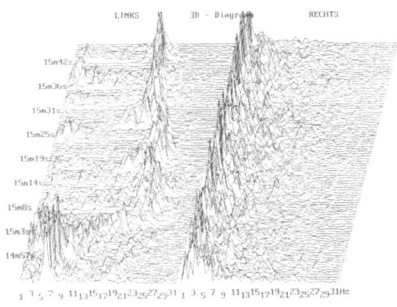
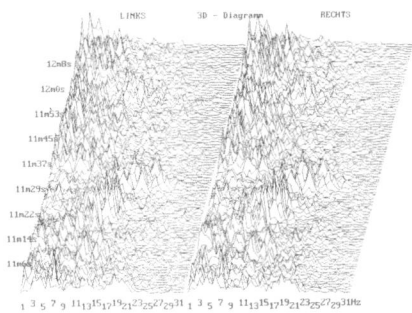

Abb. 3.
Ausschnittsvergrößerung
Beginn der Erinnerungsspur
bei 14 min 30 sec

Abb. 4
Ausschnittsvergrößerung
Beginn der Erinnerungsspur
bei 11min

**Bedeutung der Faszien bei traumatischen Erlebnissen**

Dass die Erinnerung an ein traumatisches Ereignis über körperliche Schallempfindungen aktiviert werden kann, entspricht den Ergebnissen unserer Faszienforschung. Auf Grund jahrelanger Forschungsarbeit wissen wir, dass das Gehirn die belastenden Inhalte in die Muskelfaszien auslagert und in diesem neuronalen Netzwerk konserviert. Die Faszien sind in diesem Kontext als Sinnesorgan zu sehen, in dem sich die größte Anzahl an Rezeptoren und Nervenzellen befindet. Durch entsprechende therapeutische Techniken, die wir bereits vor 30 Jahren entwickelt haben, können durch ganz feine Stimulationen diese Inhalte wieder aktiviert, gelöst und bearbeitet werden. So werden auch in inneren Bildern diese Inhalte der vergangenen Lebenserfahrungen wieder präsent und kommen ins Bewusstsein. Körperliche Blockaden und Schmerzen können durch diese Ablösung wieder in einen gesunden Reorganisationsprozess kommen, wenn die Verhärtungen und Verklebungen der Faszien durch feine Vibrationen gelöst werden. Im Stress – unter anderem verursacht durch traumatische Erlebnisse – wird im Verhärtungsprozess das Elastin der Faszien durch Kollagen ersetzt. Durch diese Fibringerinnung verkleben und verhärten die Faszien, was auch körperliche Schmerzen verursachen kann. Dieses Netzwerk kann von außen manipuliert werden, wobei dann auch die damit verbundenen Inhalte ins Bewusstsein kommen und bewusst verarbeitet werden können. Diese jahrelange Grundlagenarbeit des Instituts, die Messergebnisse, die Dokumentation der entsprechenden Techniken und das entsprechende Ausbildungskonzept für Therapeuten werden demnächst veröffentlicht werden. Als Fazit im Kontext Nahtoderfahrungen kann gesagt werden, das Gehirn zeigt uns in diesem Fallbeispiel EEG Korrelate auf die körperliche Aktivierung der Erinnerungen, die im Fasziensystem gespeichert wurden.

**Fallbeispiel 3**

Die Grafiken zeigen Messergebnisse eines 33 jährigen rechtshändigen Mannes, der sich zum Zeitpunkt der Messung in existentieller Angst, vergleichbar einer Todesangst befand. Akute Todesangst kommt dem emotionalen Erleben der ersten Stufe eines Nahtoderlebens sehr nahe. Das Besondere an dieser Messkurve ist die Tatsache, dass hier keine Erinnerungsspur an ein vergangenes Ereignis, sondern das Problem einer konkreten Lebenssituation gemessen werden konnte.
Die Frequenzpatterns zeigen sich in beiden Hemisphären gleichzeitig in nahezu identischer Ausprägung.

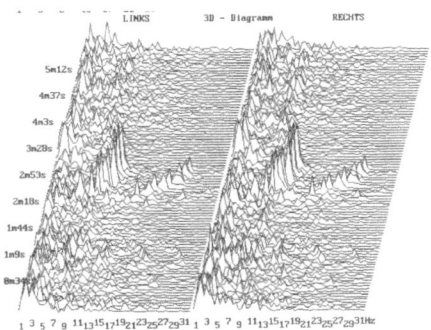 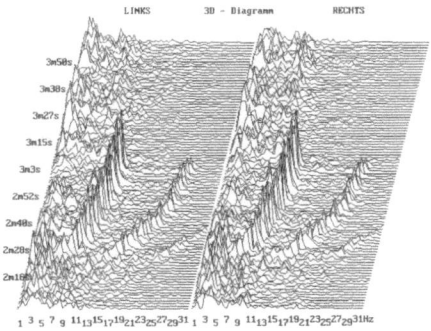

Abb. 5
Ausschnittsvergrößerung
der Reaktion auf ein akustisch
evoziertes Potential als Korrelat
einer Todesangst.
Beginn bei 2 min 10 sec in beiden
Hemisphären

Abb. 6
Ausschnittsvergrößerung der gleichen
Reaktion, größere zeitliche Auflösung

## Fazit

Erinnerungen an Nahtoderlebnisse und Messungen akuter Todesangst zeigen sich in den EEG- spectralanalytischen Messungen als spezifische Musterveränderungen im Frequenzbereich der Delta- und Theta-Frequenzen.
Diese Frequenzmuster können durch spezielle akustische Reize zeitnah oder auch zeitversetzt wieder aktiviert werden. Die speziellen akustischen Signale können dabei über die Hörverarbeitung oder über das Körperschallempfinden appliziert werden.

## Abschließende Aussagen zu diesen Messergebnissen

In anderen Settings von Forschungsmessungen konnten vergleichbare Muster gemessen werden, wenn die DMT Konzentration in der Zirbeldrüse extrem hoch war. Wir schließen daraus, dass diese speziellen Frequenzpatterns mit einer extrem hohen Anreicherung von DMT korrelieren.
Die Zirbeldrüse wandelt das am Tage gebildete Serotonin in der Dunkelheit der Nacht in Melatonin um, das Baustein für die Produktion von DMT ist.
Dimethyltryptamin, kurz DMT, ist ein halluzinogenes Tryptamin, welches in etlichen Pflanzen, aber auch im Menschen zu finden ist.
DMT erzeugt Traumphänomene, innere Bilder, paranormale Gemütszustände und ermöglicht neuartige Gedankenstrukturen und neuartige Empfindungen.

DMT verändert das visuelle Erleben.

DMT wird bei der Geburt oder bei mystisch rituellen Ritualen vermehrt ausgeschüttet. In vielen Kulturen wird auch heute noch durch Räucherungen mit DMT-haltigen Kräutern das visionäre Sehen verstärkt.

Im Tode wird das im Körper gespeicherte DMT ausgeschüttet.


## Zusammenfassung und Hypothesen

> Im Tod lassen die Muskeln los.
> Die in den Faszien gespeicherten Inhalte werden dadurch frei.
> Die inneren Bilder werden über die Zirbeldrüse als Lebensrückschau wahrgenommen.
> Delta- und Theta-Frequenzen dienen dabei als Trägerfrequenzen, die diese Inhalte ins Gehirn transportieren.
> Die dabei erzeugten EEG-Korrelate weisen auf eine verstärkte Ausschüttung von DMT, dem Dimethyltryptamin, hin.


## Literatur:

Da unser Verfahren einmalig ist und nur im Institut in Stuttgart in dieser Form angewendet wird, können in einer Literaturliste keine anderen als interne Publikationen aufgeführt und zitiert werden. Alle unsere Forschungsergebnisse entspringen dieser speziellen Methode und sind Ergebnisse unserer eigenen Arbeit.

Auch die in dieser Veröffentlichung dargestellten Inhalte sind nicht das Ergebnis von Literaturrecherchen, sondern Ergebnisse eigener Forschung, die hier das erste Mal publiziert werden,

Wer sich weiter mit unserer Arbeit beschäftigen möchte, findet hier einige Quellen:

Haffelder, G., „Frühkindliche Traumatisierungen, EEG-spectralanalytische Diagnostik von geburtlichen Traumatisierungen" (2012)
Haffelder, G., „Prenatal Traumatization, EEG-spectral analytical diagnostic of nathal traumata" (2013)
Haffelder, G., „Wirkungen von Qigongübungen auf das Gehirn" (2006)
Haffelder, G., "Amelioration of psychiatric symptoms through exposure to music individually adapted to brain rhythm disorders – a randomised clinical trial on the basis of fundamental research in: cognitive neuropsychiatry", Volume 19, Issue 5, 1 (2014)
Haffelder, G., „Lernen optimieren – Lernstörungen verhindern", Comed 10 (1998)
Haffelder, G., „Cerebrale Störungen überwinden", Comed 4 (1999)

Informationen, Bücher und Aufsätze können auch gerne im Institut angefordert werden (s. S. 64)

# Nahtoderfahrungen – Erlebnisse und Erkenntnisse, die das Leben erleichtern

**Jörgen Bruhn**
Theologe, Lehrer, Philosoph, Buchautor (Hamburg)
joergen.bruhn(at)gmx.net

Wahrscheinlich schon seit vielen Jahrtausenden hat der Mensch eine Ahnung oder sogar ein Wissen davon, dass sein Leben nicht mit dem Tod endet. Ganz sicher kann die Behauptung gewagt werden, dass zu den Zeiten, als der älteste uns bekannte Text, das Gilgamesch-Epos[37], entstand, Nahtoderfahrungen bekannt waren.
Auch bei Plato[38] im 1. Kapitel des 10. Buches seines Werkes Politeia („Der Staat") wird uns das Erlebnis eines tot geglaubten Soldaten geschildert, der bei der Bestattungs-Zeremonie wieder ins Erdenleben zurückkehrte. Viele Elemente seines Berichtes sind den von uns heute erforschten Nahtoderlebnissen ähnlich.

Während des gesamten Mittelalters und der frühen Neuzeit treffen wir immer wieder vergleichbare Erlebniserzählungen an. In der Mitte des 19. Jahrhunderts werden sie allerdings unter dem Einfluss der Philosophie des Materialismus in die Ecke des Fabulierens über eine „Nichtwirklichkeit" gedrängt.
Man verlangte „Beweise" im Sinne der heute für viele Menschen noch gültigen Naturwissenschaft.
Werner Heisenberg nannte einmal die „Beweissucht" die Krankheit des 20. Jahrhunderts. Dies soll nicht als eine Art Ausrede dafür dienen, dass es mit „anderen Wirklichkeiten", also auch mit den Nahtoderfahrungen trotz der Unmöglichkeit, Beweise im herkömmlichen Sinne vorzulegen, irgendwie doch eine realistische Bewandtnis haben könnte.
Es wird nur deutlich, dass die Ergebnisse der modernen Physik die ständigen Beweissucher noch nicht erreicht haben.

Seit Mitte 20. Jahrhunderts sind wir nun in der Lage, dank immer effizienterer Reanimationstechniken eine Vielzahl von Berichten zu besitzen, die es ermöglichen, Genaueres über diese Erlebnisformen zu erlangen, als es in der Vergangenheit möglich war, da man sich so gut wie immer nur auf Einzelerzählungen stützen konnte. Allein in Deutschland schätzt man die Zahl derer, die eine Nahtoderfahrung erlebt haben, auf etwa 4 Millionen. Da meine Vorredner/innen uns eine große Menge an Einzelheiten im Zusammenhang mit Nahtoderfahrungen und deren Deutungsmöglichkeiten dargeboten haben, kann ich mich jetzt meinem eigentlichen Thema zuwenden und davon berichten, was mir

---

[37] Gilgamesch-Epos ist eine Gruppe literarischer Werke vornehmlich aus dem babylonischen Raum und geht bis ins 2. Jahrtausend v. Chr. zurück. Letzter belegter Titel der Gesamtkomposition ist: „Derjenige, der die Tiefe sah".
[38] Plato (428-348 v.Chr.), griech. Philosoph, Schüler des Sokrates, Lehrer von Aristoteles.

stets besonders am Herzen liegt: Welche Bedeutung haben diese Erlebnisse für uns? Sind sie hilfreich und erleichtern dadurch das Leben?

Vor dem Beginn meiner Darstellung dieses Problemkreises in der Öffentlichkeit, zunächst nur in der Schule in den Fächern Religion und Philosophie, wurde ich dringend von meinem Kollegium unter Hinweis auf Goethes Roman „Die Leiden des jungen Werthers" gewarnt, über das Sterben und damit auch über die Nahtoderlebnisse und die daraus resultierenden meistens positiven Erkenntnisse zu sprechen. Das war alles ein Tabuthema.

Mehrmals sollte ich das auch an anderen Stellen erfahren. Nach einem Vortrag im Rotary-Club Ammersee meldete sich eine Onkologin zu Wort, sagte, dass dieses Thema eigentlich alle Ärzte mindestens zur Kenntnis nehmen müssten, aber so gut wie keiner dazu bereit sei. Ich wurde gefragt, ob ich willens sei, dieses Thema in der Bayerischen Ärztekammer darzustellen. Ich sagte zu. Das ist nun vier Jahre her, und ich warte immer noch auf eine entsprechende Einladung.

In der Zwischenzeit hat sich hier einiges zum Positiven geändert, leider aber nur Weniges. Peter Rosien, der frühere Herausgeber der Zeitschrift „Publik Forum", hat Recht, wenn er in seiner Rezension meines Buches „Blicke hinter den Horizont" vom 5.11.2005 im Publik Forum schreibt, dass ich mit erheblichen Widerständen durch die heute noch oft ausschließlich materialistisch ausgerichtete Naturwissenschaft und auch von Seiten der Theologie zu rechnen hätte. Beides hat sich bewahrheitet. Dogmatisch stünde hier offenkundig viel auf dem Spiel.

Trotzdem gilt die Behauptung, dass Nahtoderfahrungen Erlebnisse sind, die das Leben erleichtern. Dafür werde ich im Folgenden Belege beibringen.

Das Deutsche Rote Kreuz (DRK) bat mich, in einer holsteinischen Kleinstadt durch einen Vortrag und ein Gespräch mit austherapierten Patienten, die alle an einer Tumorerkrankung litten, diesen seelsorgerlich zu helfen. Ich erfüllte diese Bitte gern. Nach der Veranstaltung erzählte mir eine ältere Dame, sie sei mit großen Befürchtungen zu diesem Vortrag gekommen. Die Erfahrungen im Zusammenhang mit Nahtodeserlebnissen seien ihr bisher völlig fremd gewesen. Nun aber, so schloss sie ihren Bericht, sehe sie wieder mit Zuversicht in die Zukunft. Die Angst vor dem Sterben war ihr genommen worden. Geblieben sei nur die Angst vor dem noch möglicherweise zu erwartenden Leiden bis zum Moment des Sterbens.

Nach dem gleichen Vortrag erklärte mir ein etwa 40jähriger Mann, er hätte nach der niederschmetternden Diagnose beschlossen, sich selbst das Leben zu nehmen. In einem Buch habe er die Medikamente genannt bekommen, die eine solche Absicht zur Tat werden ließen. Als seine Frau einmal zum Einkaufen aus der Wohnung gegangen war, rührte er sich diese Medikamente in hochprozentigen

Alkohol ein und war nach kurzer Zeit besinnungslos. Die Frau hatte jedoch etwas vergessen und war in die Wohnung zurückgekehrt. Dort fand sie ihren bewusstlosen Mann, rief einen Krankenwagen und fuhr mit ihm in die Klinik, die ihn betreute. Auf dem Weg dorthin erlebte der Gatte eine Nahtoderfahrung und wurde gerettet. Er war darüber sehr dankbar; denn ihm seien neue Erkenntnisse während des Erlebnisses zuteil geworden. Ich bat ihn, mir, wenn er wolle, Einzelheiten darüber zu berichten. Der Suizid sei nie eine Lösung von Lebensproblemen, sagte er mir. Jedes Leben habe in jedem Abschnitt einen Sinn, der allerdings nicht immer leicht zu finden sei. Man müsse ihn suchen. Und den Sinn seines Suizidversuches habe er gefunden. Er sehe ihn jetzt darin, allen seinen Mitpatienten die Angst vor dem Ende des Lebens auf dieser Erde zu nehmen. Mir ist bewusst, dass diese Sätze auch grob missdeutet werden können.

Die Befürchtung meines Kollegiums, ich könne eine „Wertherwelle" auslösen, hat sich übrigens nicht bestätigt. Das Gegenteil ist der Fall. Nachweislich habe ich drei Schülerinnen durch den Unterricht über die Nahtodeserfahrungen vor einem Suizid bewahrt. Einen Fall möchte ich gern wegen seiner Dramatik etwas genauer schildern. Durch ein schlimmes Verbrechen war ein Mädchen (17 Jahre alt) so traumatisiert, dass sie sich in psychotherapeutische Behandlung begeben musste. Zum Beginn der Unterrichtseinheit über die Nahtoderfahrungen brachte mir dieses Mädchen ein Schreiben ihres Psychotherapeuten mit in den Unterricht. Sie dürfe an diesem Unterrichtsteil auf keinen Fall teilnehmen, da sich immer dann, wenn sie an das Sterben denke, Panikattacken einstellten. Natürlich akzeptierte ich diese Bitte, sagte ihr aber, ich würde mich freuen, wenn sie den Beginn der 1. Stunde miterleben würde. Sie könne jederzeit den Klassenraum ohne weitere Begründung verlassen. Fragen würde ich nicht stellen und mir auch solche von Mitschülern verbitten. Um ihr im Fach Philosophie eine Benotung geben zu können, solle sie eine kleine Biographie über Leben und Werk Albert Schweitzers lesen[39]. Das werde dann der Gegenstand eines kurzen Prüfungsgespräches sein. Wir waren mit dieser Lösung beide einverstanden. Zu meiner freudigen Überraschung blieb das Mädchen bis zum Schluss der gesamten etwa zehnstündigen Unterrichtseinheit im Klassenzimmer. Sie bat mich allerdings nach der 2. Stunde um ein persönliches Gespräch, in dem sie mir ihre ganze Not erklärte. Eine solche Bitte um ein Gespräch wiederholte sich etwa achtmal. Dann waren ihre Albträume und ihre diversen Zwangsvorstellungen und Ängste nicht mehr vorhanden. Es war ihr ein kleiner Trost, dass im Lebensfilm dieser Verbrecher ihr ganzes Elend als eigenes Leid werde miterleben müssen. Lange habe ich mit ihr auch über Viktor E. Frankls[40] Aufgabe gesprochen, den Lebenssinn in möglichst allen Erlebnissen zu suchen, auch wenn es wie hier besonders schwer sei und viel Geduld erfordere. Ihr Leben war auf der Basis von der Kenntnis der Nahtoderfahrungen anderer, Viktor Frankls psychotherapeutischem Ansatz und möglicherweise weiterer, mir nicht bekannter Hilfestellungen erleichtert worden.

---

[39] Albert Schweitzer (1875-1965), deutsch-franz. Arzt, Friedensnobelpreisträger 1953.
[40] Viktor Frankl (1905-1997), österr. Neurologe und Psychiater

Fälle ähnlicher Art werden vor allem aus den USA berichtet, so dass man den Schluss ziehen kann, selbst erlebte Nahtoderfahrungen oder glaubhafte Berichte darüber sind wahrscheinlich ein „Prophylaktikum" für den Suizid.

Ganz besonders überraschend ist für mich die Erfahrung gewesen, dass sich gerade Jugendliche während oder nach der Pubertätszeit für die Nahtoderfahrungen interessieren. Das Weltbild der Kindheit haben sie auf vielen Gebieten hinter sich gelassen. Sie suchen Neues. Für den Bereich des Religionsunterrichtes gilt das in besonderem Maße. Die Lichterscheinung und deren durchaus kulturabhängige Deutung durch diejenigen, die davon berichten, geben ihnen eine gute Möglichkeit, sich in neuer Weise dem Phänomen des Heiligen geistig zu nähern. Besonders willkommen ist dabei der Gedanke, dass die Nahtoderfahrungen, also auch das Lichterlebnis in allen Religionen vorkommen, christliche Gedanken und Bilder also nicht alleinseligmachend sind. Von größtem Interesse ist es für Jugendliche auch, dass alle Nahtoderfahrenen mit den gleichen ethischen Grundsätzen wieder in unsere Welt  zurückkehren. Wir sollen Liebe, in welcher Form auch immer, verwirklichen und uns um Lebensweisheit bemühen. Niemals sind die Betroffenen mit einer anderen  Botschaft in diese Welt zurückgekehrt. Dass jeder allerdings um Menschenwürde erfahren zu können, sich auch noch um anderes (Schule, Ausbildung und Beruf etc.) zu bemühen habe, versteht sich von selbst.

Ein weites Tor für Toleranz zwischen Religionen oder anderen Weltanschauungen tut sich hier auf. Und das erleichtert das Zusammenleben aller Menschen.

Im Philosophieunterricht von Oberstufenklassen bietet es sich an, jetzt über die Ethik Kants, besonders über deren Kernsatz, den „kategorischen Imperativ", zu sprechen.
Die Maxime des Willens zum Handeln soll sich ja für eine allgemeine Gesetzgebung eignen. Ich habe die Erfahrung gemacht, dass sich Kants sprachlich schwieriger Satz aus der „Kritik der praktischen Vernunft" durch die Kenntnis der Nahtoderfahrungen relativ leicht erschließt.
Eine wichtige Disziplin der Philosophie ist die Erkenntnistheorie. Zu oft herrscht in den Gedanken von jungen und alten Menschen die längst überholte Ansicht vor, die  Wirklichkeit ende dort, wo unsere Sinnesorgane trotz mancherlei Hilfsmittel nichts mehr wahrzunehmen imstande sind. Durch Nahtoderfahrungen erfährt der Mensch, dass diese Ansicht falsch ist. Wir und alles, was wir als Wirklichkeit wahrnehmen, ist nur ein verschwindend kleiner Teil einer unvorstellbaren wirklichen Wirklichkeit. Das macht bescheiden und erleichtert das Leben.

Ein Blick auf Platos Höhlengleichnis ist im Unterricht über die Nahtoderfahrungen gut angebracht. Die griechische Philosophie unterscheidet zwischen der Wirklichkeit („on", das Seiende, gemeint ist unsere mit den Sinnen wahrnehmbare Welt) und der wirklichen Wirklichkeit („ontos on", das seiend Seiende, eine Wirklichkeit, die über das alles hinausgeht).

Solche Einsichten sind unseren Schülern und Schülerinnen durchaus zumutbar. Die Nahtoderfahrungen sind also ein reicher Brunnen für die Auseinandersetzung mit den Gedanken aus den Bereichen der Religion und der Philosophie.

Eine ehemalige Schülerin von mir war Krankenschwester geworden. Besonders gern und intensiv widmete sie sich den sterbenden Patienten. Sie war für diese Menschen ein wahrer Segen. Sobald sie ein Zimmer mit Patienten am Ende ihres Erdenlebens betrat, so erzählte sie mir, ändere sich schlagartig die Atmosphäre im Raum. Ihr Gesicht, ihre ganze Persönlichkeit strahlte Hoffnung aus.
Und das führte sie auf die Kenntnis der Nahtodeserfahrungen zurück, die sie nicht im Krankenhaus erhalten hatte, sondern im Schulunterricht.

Ein anderes Beispiel dafür, dass Nahtoderfahrungen hilfreich für das Leben sind, erfahre ich, wenn ich als Referent zu einem Kursus der Polizeiseelsorge in Mecklenburg-Vorpommern eingeladen worden bin. Das geschieht seit mehreren Jahren regelmäßig. Die Polizisten sind in einer Welt aufgewachsen, die von der Philosophie des Materialismus geprägt worden ist. Der Mensch wird ausschließlich biologisch gesehen. Wenn nun dieses Leben durch ein Ereignis (meistens handelt es sich um einen Verkehrsunfall oder ein Verbrechen) ausgelöscht worden ist, gibt es sehr oft für keinen materialistisch denkenden Menschen irgendwie einen Ansatz zur tröstlichen Hoffnung. Angehörige des Verstorbenen und auch die Polizisten stehen verzweifelt vor einem Nichts. Wenn es mir auch oft nicht gelingt, durch die Berichte von den Nahtoderfahrungen diese Hoffnungslosigkeit wie einen Eispanzer völlig aufzubrechen, so bleibt doch eine Frage in vielen Beteiligten, die dann weiterwirkt. Ich bin wie ein Bauer, der die Saat auf das Feld bringt und dann abwarten muss, was für eine Frucht sich daraus entwickelt.
Von meinen Schülerinnen und Schülern, die ich in meiner Dienstzeit unterrichtet habe, weiß ich, dass sich aus der Fragehaltung eine hilfreiche Zuversicht entwickeln kann, wie das vorhin genannte Beispiel, das mir meine Schülerin aus ihrem Arbeitsleben erzählt hatte, zeigt. Ich bin deshalb sehr optimistisch. Eines ist aber dringend nötig: Man darf aus Angst vor einem fälschlich gedachten Nichts keinen Bogen um die Thematik des Sterbens machen und sich auch nicht in Floskeln irgendwelcher Art retten.

Durch Nahtoderfahrungen wird das Leben der Menschen auf vielerlei Weise erleichtert. Sie nehmen die Angst vor dem Sterben, geben Angehörigen von Verstorbenen einen gewissen Trost, obwohl Abschied zu nehmen meistens auf irgendeine Art und Weise schwer ist. Neue ethische und erkenntnistheoretische Einsichten werden uns eröffnet. Dass sich aber auch durch die oft großen Persönlichkeitsveränderungen Probleme in Familie, Partnerschaften usw. ergeben können, die einer seelsorgerlichen oder psychotherapeutischen Betreuung bedürfen, soll hier nur am Rande erwähnt werden.

In einer Rezension meines Buches „Blicke hinter den Horizont" des Theologen Andreas Rösler in der Zeitschrift „Freies Christentum" (2012/6) sagt er wohl mit einigem Recht, dass diese Gedanken „anthropologisch, theologisch, seelsorgerlich und pädagogisch äußerst hilfreich" sind.

Bei der Beschäftigung mit den Nahtoderfahrungen, beim Anhören der Erlebnisse und dem Durchdenken der Erkenntnisse kommt mir oft die letzte Strophe von Hermann Hesses[41] Gedicht „Stufen" aus seinem Roman „Das Glasperlenspiel" in meine Gedanken. Es heißt dort:

> „Es wird vielleicht auch noch die Todesstunde
> Uns neuen Räumen jung entgegen senden,
> Des Lebens Ruf an uns wird niemals enden...
> Wohlan denn, Herz, nimm Abschied und gesunde!"

Jörgen Bruhn

„Blicke hinter den Horizont –
Nahtoderlebnisse: Deutung – Bedeutung"

Alsterverlag, Hamburg (2009)

---

[41] Hermann Hesse (1877-1962), dt. Dichter und Maler, Literaturnobelpreisträger 1954

# Nahtoderfahrungen – Spirituelle Krisen und andere Probleme der Integration

## Dr. Eugenia Kuhn  &  Prof. Dr. Dr. Wilfried Kuhn

**Fachärztin Psychotherapie, Chemikerin**

**Neurologe, Hochschullehrer, NTE-Forscher Mitglied im Netzwerk Nahtoderfahrung**

Moody konnte in seinem Buch „Life after Life" (dt. „Leben nach dem Tod") fünfzehn *Elemente der Nahtoderfahrung* (NTE) charakterisieren:
1. Unbeschreibbarkeit, 2. Hören der Todesnachricht, 3. Frieden und Ruhe,
4. Geräusche, 5. Schweben durch einen Tunnel, 6. außerkörperliche Erfahrung,
7. Begegnung mit Anderen, 8. Kontakt mit Lichtwesen, 9. Rückschau,
10. Wahrnehmung einer Grenze oder Schranke, 11. Umkehr,
12. Mitteilungsversuche, 13. Folgen im Leben: oft intensivere Spiritualität,
14. Abnahme der Todesfurcht, 15. Bestätigung/Wahrheitsüberprüfung (Moody 1977).

Seitdem konnten zahlreiche retrospektive (rückschauende) und prospektive (vorausschauend geplante) Studien diese zahlreichen Wahrnehmungsphänomene im Wesentlichen bestätigen und präzisieren. Trotz der Vielfalt und unterschiedlichen Häufigkeit einzelner Elemente der NTE handelt es sich um ein einheitliches Phänomen. Dafür sprechen sowohl die zeitübergreifende Invarianz wie auch kulturelle Vergleiche (Högl, 2006).

Aufgrund der bisherigen Untersuchungen ist davon auszugehen, dass die Elemente der NTE universell sind, die individuelle Erfahrung und Interpretation dieser Muster jedoch kulturell geprägt ist. Die einzelnen Bausteine einer NTE treten in variabler Zusammenstellung auf, jedoch in den meisten Fällen in der genannten Reihenfolge. Ganz selten werden alle Elemente berichtet. Jede NTE ist einzigartig und wird als Einheit erlebt, nicht als eine Reihe klar getrennter Einzelteile. Neben positiv gefärbten NTE werden vereinzelt auch negative Erlebnisse geschildert.

Ihre Häufigkeit wird je nach Studie auf bis zu 17 % geschätzt (Rommer, 2004). Interessanterweise wurden in der bisher bedeutendsten Studie zu NTE keine unangenehmen Wahrnehmungen berichtet (van Lommel, 2009). Alle Stufen der typischen NTE werden von einer gesteigerten Klarheit und Intensität der Erlebnisse begleitet. Die Denkprozesse verlaufen ungewöhnlich schnell und sind erfüllt von einem Gefühl der Transzendenz von Raum und Zeit. Das Erlebte wird häufig als „wirklicher als die Wirklichkeit" beschrieben (Högl, 2006).

Bereits Moody kam zu der Erkenntnis, dass man die Erlebnisse während NTE nicht von ihren *Auswirkungen* trennen kann (Moody, 1977). Zahlreiche retrospektiv durchgeführte Studien konnten zeigen, dass sich unabhängig von den primären Ursachen einer NTE bei den betroffenen Menschen nachhaltige und tiefgreifende Veränderungen in der Lebenseinstellung, der Glaubensauffassung sowie der Werte und des Verhaltens einstellen (Sutherland, 1992, Gresser, 2004, van Lommel, 2009, Nicolay, 2011). Die Wandlungsprozesse verlaufen bei jeder Person sowohl inhaltlich als auch über die Zeit unterschiedlich.

Dabei haben schon vorher vorhandene Persönlichkeitsmerkmale Einfluss auf den Verarbeitungsprozess.

Aus Angst vor Zurückweisung und möglichen negativen Reaktionen und Konsequenzen kann sich der Prozess der Integration der NTE als schwierig erweisen. Vor allem in den ersten Jahren nach einer NTE leiden manche Menschen unter Depressionen, Einsamkeit und Sehnsucht „nach drüben". Die langfristigen positiven Veränderungen entwickeln sich erst, nachdem die NTE akzeptiert und integriert wurde (van Lommel, 2009).

Mit Ausnahme der eher seltenen „negativen" Erlebnisse ist die überwiegende Zahl der NTE durch *mystische Elemente*, wie zum Beispiel das Gefühl des Transzendierens von Raum und Zeit, das Gefühl der Nähe zu spirituell fortgeschrittenen Wesen, wie auch durch das Erleben einer all umfassenden Präsenz („Einheitserleben") charakterisiert. Häufig wird über ein Gefühl von absoluter Liebe und tiefem Frieden berichtet. Viele Menschen verspüren zudem die tiefgehende Empfindung von Heiligkeit und Heilung (Schröter-Kuhnhardt, 2005). Von einer NTE wird die Person in der Regel vollkommen ergriffen. Es besteht das Gefühl des Abschieds von irdischen Dingen, ein Gefühl der Freude.

Diese Erlebnisse sind letztlich den Beschreibungen von Mystikern sowie Menschen mit tiefen spirituellen Erfahrungen sehr ähnlich (Underhill, 1928).

Es ist nachvollziehbar, dass sich dadurch auch die Beziehung zu den Mitmenschen verändert. Viele Betroffene berichten, dass sie durch ihre NTE versöhnlicher, toleranter und gefühlvoller geworden sind. Auch die Wertschätzung des Lebens, verbunden mit einer großen Ehrfurcht vor und engen Verbundenheit mit der Natur nimmt zu (van Lommel, 2009).

In der bislang einzigen prospektiv angelegten Langzeitstudie über Nachwirkungen von NTE konnten die bisher aus retrospektiven Untersuchungen erhaltenen Daten im Wesentlichen bestätigt und präzisiert werden. Die meisten Menschen verlieren in Folge einer NTE ihre Todesangst und sind vom Weiterleben nach dem Tod überzeugt. Manche erleben die Ereignisse und die daran anschließenden Veränderungen als Tod und Wiedergeburt im spirituellen Sinne. Damit verbunden ist auch eine erhöhte *intuitive Sensibilität*, im Sinne einer Zunahme paranormaler Empfindungen. In der genannten Studie konnte gezeigt werden, dass sich diese Veränderungen im Laufe der Zeit in den meisten Fällen verstärken.

Nach acht Jahren nahmen in der Studie von van Lommel mindestens zwei Drittel der Betroffenen eine positive Veränderung der folgenden Aspekte wahr: 1. Gefühle zeigen, 2. der Wunsch, anderen zu helfen, 3. andere akzeptieren, 4. Liebe zeigen können, 5. Mitgefühl mit anderen, 6. für andere Verständnis zeigen, 7. Bindung zur eigenen Familie, 8. den Sinn des Lebens erkennen, 9. Bedeutung der Natur und der Umwelt, 10. Wertschätzung alltäglicher Dinge und 11. Gefühl für soziale

Gerechtigkeit. Es zeigte sich somit, dass die positiven Veränderungen vielen Betroffenen erst im Laufe von mehreren Jahren bewusst wurden. Diese deuten auf eine erfolgreiche Integration der Erlebnisse hin (van Lommel, 2009).

Von spirituellen Krisen auf Grund einer NTE wird in der Literatur selten gesprochen. Dies ist vermutlich dadurch zu erklären, dass Nahtoderfahrungen in den überwiegenden Fällen positiv und erhebend beschrieben werden und deshalb auftretende Probleme bei der Integration der Erlebnisse wenig bedacht werden. NTE bzw. Elemente der NTE können in gleichem Maße wie bewusstseinsöffnende Praktiken (wie Meditation oder ähnliches) zu spirituellen Problemen oder eben zu einer spirituellen Krise führen, weil im Rahmen dieses Erlebnisses Transzendenzerfahrungen auftreten, die das bisherige Selbst- und Weltbild des Betroffenen, ja bisweilen die ganze Persönlichkeit massiv erschüttern können. (Transzendenz meint einen spontanen Perspektivwechsel hin zu einer höheren Ebene im Sinne des Überschreitens des Alltäglichen und Weltlichen.)
Viele Menschen gehen aus einer NTE mit einer spirituelleren Einstellung im Sinne einer Öffnung für eine über die Person und ihr konzeptgebundenes Denken hinausgehende, also transpersonale Dimension hervor. (Sowohl spirituellen als auch religiösen Erlebnissen gemeinsam ist der Bezug zu einem Jenseitigen: „spirituell" hebt auf die direkte subjektive Erfahrungen mit dem Jenseitigen ab, während „religiös" eher bezogen ist auf Glaubensinhalte bezüglich des Jenseitigen.) Diese Öffnung ist dauerhaft und vertieft sich meist in den darauffolgenden Jahren noch.
Dieser Prozess der Bewusstseinsweitung kann aber manchmal recht krisenhaft verlaufen. Die betroffene Person ist durch das Auftauchen des Spirituellen in ihrem Leben, das völlig unerwartet und in heftiger Form geschieht, überwältigt, irritiert; sie ist mit der Erfassung dieser nicht alltäglichen Phänomene überfordert.
Diese Öffnungskrise, die im engeren Sinn als „spirituelle Krise" bezeichnet wird, hat oft anschließend eine Suche im religiös-spirituellen Bereich zur Folge.
Eine solche Art der Transformation ist allen erfolgreich überwundenen spirituellen Krisen gemeinsam.

Neben dem krisenhaften Prozess der Öffnung können auch *Schwierigkeiten bei der Integration* des Erlebten in die bisherige Gesamtpersönlichkeit und in den bisherigen Alltag auftreten, was die Betroffenen über Jahre begleiten kann.
Um solche Schwierigkeiten diagnostisch zu fassen ist, ist am besten die Definition des „spirituellen Problems" durch die amerikanische psychiatrische DSM-IV V-Kodierung (DSM heißt „Diagnostical and Statistical Manual of Mental Disorders") (Lukoff, et al. 1992) geeignet. Diese beschreibt die eingeführte Unterkategorie „religiöse und spirituelle Probleme" ausdrücklich als das mögliche nichtpathologische Ende eines differenzierten Diagnostikspektrums und betont lediglich, dass die vorliegende psychische Problematik inhaltlich einen Transzendenzbezug aufweist. Es kann aber sein, dass diese Schwierigkeiten manchmal sogar das Ausmaß einer psychosomatischen oder psychischen Störung

annehmen, die dann behandelt werden muss. Man kann zwischen *intrapersonalen und interpersonalen* Problemen unterscheiden.

*Intrapersonale Probleme* entstehen dadurch, das irritierend Neue, meist sehr beglückende Erlebnis, nicht einordnen, ja nicht einmal in Worte fassen zu können. Besonders wenn es sich um eine NTE handelt, die neben paranormalen, außersinnlichen Elementen, die für sich allein schon schwer genug in ein normales Alltagsleben einzuordnen sind, auch Transzendenzerfahrungen beinhaltet.

Wie verwirrend muss es sein, wenn eine Person, die sich vielleicht noch nie mit spirituellen Themen befasst hat, plötzlich aus einer so intensiven Erfahrung zurückkehrt, in die sie unvermittelt hineinkatapultiert worden war. Nach dem Erlebnis können erhebliche emotionale Probleme wie Wut und Trauer bis hin zu Depression auftreten. Hauptsächlich erfolgt dies aufgrund der Wahrnehmung, wiederbelebt oder ins Leben „zurückgesandt" worden zu sein – möglicherweise gegen den eigenen Willen. Dieses Phänomen kann als „Wiedereinstiegsproblem" oder auch als „Sog von der anderen Seite" bezeichnet werden und erschwert die Wiederausrichtung auf das Leben. Allerdings ist festzustellen, dass Menschen, die bei einem misslungenen Selbstmordversuch eine NTE hatten, meist nicht mehr suizidgefährdet sind. Bei solchen Personen kommt es langfristig zu einem ausgesprochenen Rückgang von Suizidabsichten, da dem Leben aufgrund der Transzendenzerfahrung insgesamt mehr Sinn und Bedeutung beigemessen wird und Verluste und Fehlschläge als Aspekte eines größeren Ganzen gesehen werden (Greyson, 2007). Weitere Schwierigkeiten ergeben sich durch eine übermäßige Identifikation mit den Erfahrungen. Die NTE bedeutet dann für diesen Menschen "Alles", das gewöhnliche Leben hat seinen Reiz verloren. Es entsteht das Gefühl, anders als die anderen Menschen zu sein. Daraus kann eine verstärkte Distanz zu anderen entstehen. Bei Menschen mit mäßig integrierter Persönlichkeitsstruktur kann es zu inadäquater, narzisstischer Aufwertung im Sinne eines Gefühls der Auserwähltheit oder von Einzigartigkeit kommen. Auch können unerfüllte Wünsche und Sehnsüchte spirituell verklärt werden. Es ist auch zu beobachten, dass infolge einer massiven Erschütterung der ganzen Person an der eigenen geistigen Gesundheit gezweifelt wird. Des Weiteren können negative Reaktionen aus dem Umfeld dazu führen, dass das ganze Erlebnis in Frage gestellt oder sogar komplett verdrängt wird.

Im Unterschied zu spirituellen Krisen, die in anderen Kontexten auftreten, besteht die Besonderheit der Krise bei NTE typischerweise auch darin, dass der Betroffene sich nach einem meist intensiven Glücksgefühl (zudem schmerzfrei, wie die Betroffenen ihren NTE-Zustand beschreiben) in einem körperlich desolaten Zustand wiederfindet. Dieser ist oft verbunden mit erheblichen physischen Einschränkungen und Schmerzen, was Enttäuschung und eine Sehnsucht nach dem zuvor Erfahrenen verstärkt, eventuell auch passagere Lethargie und Depression auslösen kann. Die zunehmende Erkenntnis, dass die eindrucksvollste Erfahrung des bisherigen Lebens sich nicht einfach und problemlos im Alltag vermitteln und umsetzen lässt, kann ebenfalls zu Niedergeschlagenheit und Einsamkeit führen. Neben diesen *intrapersonalen* Problemen ist mit zusätzlichen *interpersonellen Schwierigkeiten* zu rechnen. Neue Sichtweisen und Werte können zu ausgeprägten Persönlichkeitsveränderungen führen, welche sich nicht so ohne weiteres mit den Erwartungen des sozialen Umfeldes vereinbaren lassen. Die bisherigen Rollen und der alte Lebensstil haben nicht länger den gleichen Stellenwert. Angehörigen und Freunden fällt es oft schwer, diese Persönlichkeitsveränderungen zu akzeptieren. Manchmal tragen sie an den Betroffenen auch unrealistische Erwartungen heran, ausgelöst durch überzogene Darstellung in den Medien, bezüglich sich potentiell entwickelnder besonderer Fähigkeiten, wie beispielsweise prophetische Gaben oder wundersame Heilkräfte. Mitunter kommt es aufgrund der Schwierigkeit, mit anderen über die eigenen Persönlichkeitsveränderungen zu sprechen, auch zu extremem sozialem Rückzug.

Der amerikanische Psychiater Greyson stellte in seinen Untersuchungen fest, dass NTE mit *negativen Wirkungen* wie zerrütteten Beziehungen, unterbrochenen beruflichen Karrieren, Gefühlen ernsthafter Fremdheit, der Unfähigkeit in dieser Welt weiterzuwirken sowie auch einen jahrelangen Kampf, den wahren Sinn der erfahrenen, veränderten Wirklichkeit zu verstehen, sogar bis hin zu Depression einhergehen können (Greyson, 2007).
Schwierig kann sich im Besonderen der Umgang mit und die Integration von NTE gestalten, die als negativ und ängstigend erlebt werden. Die amerikanische Ärztin Rommer arbeitete verschiedene Typen „nicht positiv erlebter" NTE heraus:
1. die eigentlich positive, jedoch fehl interpretierte, 2. die mit unendlicher Leere einhergehende, 3. die mit höllenähnlichen Szenarien versehene 4. die mit stark bewertendem, verurteilendem Lebensrückblick verbundene Erfahrung.
Diese führen interessanterweise letztendlich meist doch zu einer positiven und spirituellen Entwicklung (Rommer, 2004).

Man hat beobachtet, dass Betroffene mit negativen NTE auf drei Arten mit ihrem Erlebnis umgehen: entweder sie nehmen es als Warnzeichen, um ihr Leben neu auszurichten oder sie belassen es bei einer reduktionistisch-rationalen Erklärung oder aber sie quälen sich, oft über lange Zeit, mit der Frage: „Was hab ich getan, dass ich dies verdient habe?". Gerade bei der letztgenannten Gruppe ist es am wahrscheinlichsten, dass sie nach einer Therapie sucht (Griffith, 2009).
Retrospektive Studien haben gezeigt, dass Menschen mit NTE sich in ihrer psychischen Gesundheit vor dem Ereignis nicht von der Normalbevölkerung unterscheiden (Greyson, 2007).
Die berichteten Phänomene selbst können allerdings auf den ersten Blick mit psychopathologischen Zuständen verwechselt werden, obwohl sie sich im Detail anders darstellen. So wurden NTE in Zusammenhang gebracht mit Depersonalisation, Dissoziation, mit posttraumatischer Belastungsstörung, mit Halluzinationen, ähnlich denen, die mit psychoaktiven Substanzen induziert

wurden sowie auch mit kurzen psychotischen Episoden. Dennoch gibt es deutliche Unterschiede zu diesen psychischen Symptomen oder Störungen (Greyson, 2007). Irritationen angesichts des außergewöhnlichen Erlebnisses und dessen Einordnung sowie der Umgang damit im weiteren Leben, führen zu einem oft langwierigen *Verarbeitungsprozess*.

Dieser und die meist letztlich doch feststellbaren positiven Veränderungen der Persönlichkeit infolge einer NTE sind abhängig von der jeweiligen kulturellen Einbettung, der Tiefe der Erfahrung, von Faktoren im spezifischen Umfeld und insbesondere von der Persönlichkeitsstruktur des Betroffenen.

*Richtlinien für den beratenden Umgang* mit Menschen, die eine NTE durchlebt haben, insbesondere solche, die auch krisenhafte Prozesse durchlaufen haben und oder das Erlebnis nur schwer integrieren können, wurden in den letzten Jahren von erfahrenen professionellen Helfern zusammengestellt (Greyson und Harris, 1990, Griffith, 2009, Nicolay, 2011, Atwater, 2012, Peschel, 2013).

Sie raten dazu, den Betroffenen zu ermutigen, sich mitzuteilen (auch nonverbal, imaginativ) und seinen Gefühlen Ausdruck zu verleihen, mit dem Betroffenen gemeinsam das Erlebnis zu reflektieren, den Betroffenen und seine Angehörigen zu dem Phänomen zu informieren, ohne dass der Therapeut die Wahrnehmung und die Gefühle des Betroffenen zu interpretieren sucht, womöglich gar sein eigenes Weltbild in den Vordergrund stellt. Auch sollte dem Betroffenen und seinen Angehörigen empathisch vermittelt werden, dass gezeigte Symptome eine normale Reaktion auf das außergewöhnliche Erlebnis sind.

Die anfängliche Irritation durch die NTE oder die Schwierigkeiten der Integration in den Alltag können allerdings manchmal das Ausmaß einer psychischen Störung annehmen, die eine *professionelle Begleitung* in Form einer psychiatrischen oder psychotherapeutischen Hilfe erforderlich machen, da vorhandene biographische und strukturelle Muster die Verarbeitung der Erlebnisse behindern. Hier ist, ungeachtet des oft hohen Transformationspotentials der Nahtoderfahrung, der Grad der Integrationsfähigkeit der Gesamtpersönlichkeit des Betroffenen, also die Art der Persönlichkeitsstruktur des Betroffenen zu berücksichtigen. Dies geschieht am besten mittels der im deutschen Sprachraum gängigen operationalisierten psychodynamischen Diagnostik (Arbeitskreis OPD, 2006). Denn je desintegrierter und dissoziierter und damit je psychosenäher die Primärpersönlichkeitsstruktur ist, umso eher sind strukturbildende, identitätsstützende und identitätsaufbauende therapeutische Vorgehensweisen notwendig. In diesem Zusammenhang ist hinzuzufügen, dass natürlich auch psychisch kranke Menschen NTE haben können. Ziel einer solchen Begleitung sollte sein, dass der Betroffene zu einem eigenen Erklärungsmuster hinsichtlich der erlebten Phänomene und deren Auswirkungen findet, da dies die geeignete Basis für den individuellen Verarbeitungs- und Integrationsprozess (der Erlebnisse) bildet (Gresser, 2004). Ziel einer möglichst vielperspektivischen Therapie sollte auch sein, mit dem Betroffenen neben nötiger psychotherapeutischer Basisarbeit mit dem Aufbau eines stabilen Selbstkonzeptes sowie ausreichender Einsicht in biographische Zusammenhänge auch Fähigkeiten zu erarbeiten im weiteren Umgang mit religiösen und spirituellen Themen sowie ihn auch zur Weiterentwicklung seiner Persönlichkeit auf allen Ebenen zu ermutigen.

*Grundlegend für einen Berater* oder Therapeuten ist, dass er genügend Kenntnis hinsichtlich des Nahtodphänomens besitzt und diesem gegenüber eine offene und akzeptierende Haltung einnimmt. Denn gerade die Art und Weise, wie er mit einem Nahtoderfahrenen umgeht, kann einen enormen Einfluss darauf haben, inwieweit diese Erfahrung von dem Betroffenen akzeptiert wird und daraus ein Stimulus für ein nachfolgendes psycho-spirituelles Wachstum entstehen kann. Andernfalls besteht die Gefahr, dass die betroffene Person die NTE als bizarres Erlebnis einordnet, das nicht mehr weiter mitgeteilt wird, aus der Angst heraus, als psychisch krank stigmatisiert zu werden. Oft ist Therapeuten nicht klar, welch großer Stellenwert solchen Erlebnissen zukommen kann. Trotz des wachsenden Bekanntheitsgrades des Nahtodphänomens, werden diese Erfahrungen von vielen Medizinern und Psychologen, wenn vielleicht nicht länger ignoriert, so aber oft auf die dem vorherrschend materialistischen Weltbild zugeschnittenen, rein physiologischen und psychologischen Erklärungsweisen reduziert. Dies wird dem Phänomen jedoch nicht gerecht. Es versteht sich von selbst, dass der Therapeut die Rolle eines Helfenden, nicht eines kritisch hinterfragenden Ermittlers einzunehmen hat. Voraussetzung ist ein angemessenes Verständnis der inneren Situation des Betroffenen und eine Vertrauensbeziehung zwischen Betroffenem und Begleiter. Wichtig erscheint, das Erlebte und die Reaktionen darauf nicht zu pathologisieren. Neben Klären, Verstehen, Sinnfindung, Ermutigung zur Wandlung ist das „Dabei Sein" und „Hindurch Begleiten" das wichtigste Beziehungsangebot. Es muss empathisch vermittelt werden, dass auftretende, verunsichernde psychische Symptome eine normale Reaktion auf etwas so Außergewöhnliches wie eine NTE sind. Diese können bildlich umschrieben werden („aus der bisherigen Mitte geworfen sein") oder allenfalls mit einem neutralen diagnostischen Begriff wie zum Beispiel „akute psychische Belastungsreaktion" benannt werden. Zusätzlich zu den üblichen Therapeuteneigenschaften und fachlicher Qualifikation sind weitere Fähigkeiten des Helfers essentiell. Gerade der *Umgang mit Transzendenzerfahrungen*, dem tiefgreifendsten Bestandteil der NTE, setzt Erfahrung des Begleiters auf diesem Gebiet voraus, die über theoretische Sachkompetenz hinausgeht. Hierbei ist eine eigene spirituelle Kompetenz, eine gelebte Verankerung im transpersonalen Bewusstseinsraum mit der verkörperten Grundhaltung von achtsamer Präsenz, vollständiger Annahme und Mitgefühl wünschenswert, ja notwendig. Transzendenzerfahrungen, wie z.B. Erfahrungen von universeller Verbundenheit, Offenheit, der radikalen Akzeptanz der gegenwärtigen Situation, von Heiligkeit sind Ausdruck eines erweiterten Bewusstseinszustandes, der nicht durch Ich-Zentrierung und konzeptgebundenes Denken geprägt ist. Diese als mystisch zu bezeichnenden Erfahrungen werden nur dadurch integriert, dass man sie als Wesensqualitäten dankbar annimmt und ihnen einen Platz in der eigenen Lebensführung gibt (Galuska, 2003). Da derartigen

Erfahrungen häufig eine Suche im spirituellen Bereich folgt, kann es deshalb für den Betroffenen von Nutzen sein, neben einer psychotherapeutischen Begleitung, auch eine spirituelle oder aufgeschlossene theologische Beratung einzuholen und eine gut angeleitete religiöse oder spirituelle Praxis wie etwa eine Meditationspraxis aufzunehmen, die helfen kann, mit erweiterten Bewusstseinszuständen umzugehen. Hilfreich sind hier auch transpersonal ausgerichtete Psychotherapieverfahren.

Auch die *Verarbeitung und Integration von paranormalen Elementen* der NTE, wie etwa außerkörperliche Erfahrungen oder außersinnliche Wahrnehmungen kann sich als schwierig erweisen. Es können dadurch Verunsicherung und Ängste, bis hin zu Entfremdungserleben ausgelöst werden. Ebenso auch dann, wenn eine vermehrte „intuitive Sensibilität" (van Lommel, 2009), insbesondere übersinnliche Erfahrungen, aber auch energetische Empfindungen („Sensitive Öffnungserfahrungen") weiter anhalten. Einerseits muss es gelingen, solcherlei Erfahrungen nicht abzuspalten, andererseits muss die Fähigkeit erworben werden, diese Erfahrungen vom üblichen Erleben zu differenzieren und abzugrenzen, um nicht in der Vermischung derartiger Wahrnehmungen mit unbewussten persönlichen Themen zu verharren.

Es ist wichtig, NTE im therapeutischen Kontext nicht nur unter den für den zu Behandelnden problembehafteten Aspekten zu sehen, sondern diese aufgrund ihres starken Wachstumspotentials auch als wichtige Ressourcen wahrzunehmen. Studien zeigen, dass NTE den Selbstwerdungsprozess verstärkt anregen und einen bedeutsamen *Impuls zur weiteren Persönlichkeitsentwicklung* geben (Gresser, 2004): So kann etwa bei der Bewältigung von psychotraumatischen Erfahrungen in der Vorgeschichte eine Transzendenzerfahrung im Kontext der NTE zu einer wertvollen Hilfe werden (Nicolay, 2011). Des Weiteren zeigte sich, dass neben der Veränderung von Überzeugungen, Einstellungen und Handlungsweisen auch physische Spontanremissionen mit NTE einhergehen können (Permanschlager, 2009). Darüber hinaus wird von induzierten Erfahrungen berichtet, die während intensiver Auseinandersetzung mit dem Thema Sterben und Tod auftreten. Diese können einer NTE ähneln und zeitstabil lebensverändernd wirken, wenn auch in geringerem Ausmaß (Griffith, 2009).

Es ist seit langem bekannt, dass das Wissen um die Nahtodphänomene *auch für andere*, die selbst keine derartige Erfahrung hatten, einen therapeutischen Nutzen haben kann. So können NTE bei Menschen in schwierigen Lebensumständen durch die Förderung sich herausbildender, erfolgreicher Bewältigungsmuster Wachstum und Heilung anregen. Es gibt Therapeuten, die gezielt diese Nahtodperspektive mit ihrer Transformationskraft bei Suizidalen, Menschen mit Ängsten, Depression und Sucht, Trauernden, oder im Umgang mit Todgeweihten und ihren Angehörigen mit Erfolg anwenden (McDonagh, 2004, Burton, 2011, Nicolay, 2011).

Im deutschsprachigen Raum gibt es die Möglichkeit, sich als Betroffener oder auch als Angehöriger an das *Netzwerk Nahtod-Erfahrung e.V. (N.NTE)* – Tel: 06151/145851, Email: netzwerk-nahtoderfahrung(at)t-online.de, Website: www.netzwerk-nahtoderfahrung.org – zu wenden, um dort generelle Information, erste Beratung, Auskunft über Gruppen Gleichbetroffener und Auskunft über professionelle Hilfen zu erhalten.

Bezüglich paranormaler Erfahrungen kann man sich auch bei der Beratungsstelle für Menschen mit außergewöhnlichen Erfahrungen am *Institut für Grenzgebiete der Psychologie und Psychohygiene e.V. (IGPP)*, Freiburg – Tel: 0761/207-2152, Email: beratung(at)igpp.de, Website: www.igpp.de – informieren.

Des Weiteren besteht die Möglichkeit bei Krisen der spirituellen Öffnung und bei Sinnkrisen mit dem *Netzwerk für spirituelle Entwicklung und Krisenbegleitung e.V. (SEN)* – 07674/8511, Email: info(at)senev.de, Website: www.senev.de – Kontakt aufzunehmen.

## Literatur:

Alexander, E., „Blick in die Ewigkeit", München: Ansata (2013)

Arbeitskreis OPD (Hrsg)., „Operationalisierte Psychodynamische Diagnostik OPD-2. Das Manual für Diagnostik und Therapieplanung", Bern: Huber, Hogrefe (2006)

Atwater, PMH., „Rückkehr vom Licht. Die Auswirkungen von Nahtoderfahrungen auf Betroffene und Angehörige", Goch: Santiago (2012)

Burton, C., „Psychotherapy From A Near-Death Perspective",http://iands.org/publications/vital-signs/79-vs22no1 (10.02.2014).

Galuska, J., „Religiöse und spirituelle Störungen", In: Galuska, J (Hrsg). „Den Horizont erweitern. Die transpersonale Dimension in der Psychotherapie", Berlin: Leutner (2003)

Gresser, I., „Psychologische Auswirkungen von Nah-Todes-Erfahrungen. Wachstumsmotivationsbedürfnisse als Schritte de Selbstverwirklichung", Berlin: Logos (2004)

Greyson, B., „Near-death experiences: clinical implications", Rev. psiquiatr. Clin. 1 (2007)

Greyson, B., B. Harris, „Beratung für Menschen mit Nah-Todeserfahrungen", In: Grof S,

Griffith, LJ., „Near-Death Experiences and Psychotherapy", Psychiatry (Edgmont) 6 (2009)

Grof, S., C. Grof, „Spirituelle Krisen und Bewusstseinentwicklung", In: Grof S., C. Grof (Hrsg). „Spirituelle Krisen, Chancen der Selbstfindung", München: Kösel (1990)

Högl, S., „Transzendenzerfahrungen", Marburg: Tectum (2006).

Kuhn, W., „Neurobiologie der Nahtoderfahrung", In: Serwaty A., J. Nicolay (Hrsg). „Nahtoderfahrungen – Neue Wege der Forschung", Goch: Santiago (2009)

Kuhn, W., „Out-of-body. Anmerkungen eines Mediziners zur Relevanz der Nahtoderfahrung für die Klärung des Leib-Seele-Verhältnisses", In: Koenen, KL., SJ. Schuster (Hrsg). „Seele oder Hirn? Vom Leben und Überleben der Personen nach dem Tod", Münster: Aschendorff (2012)

Kuhn, W., „Rätsel Nahtoderfahrung. Neurobiologische Erklärungsmodelle und ihre Grenzen", in: Lachner, R., D. Schmelter (Hrsg)., „Nahtoderfahrungen – Eine Herausforderung für Theologie und Naturwissenschaft", Berlin: LIT (2013)

Kuhn, W., „Warum können Nahtoderfahrungen neurobiologisch nicht ausreichend erklärt werden?", in: van Laack, W. (Hrsg). „Schnittstelle Tod – Was spricht für unser Weiterleben?", Aachen&Norderstedt: BoD (2014)

Lukoff D., F. Lu, R. Turner, "Toward a more culturally sensitive DSM-IV. Psychoreligious and psychospiritual problems", Journal of Nervous and Mental Disease (1992)

McDonagh, JM., "Inducing Near-Death Research Findings Into Psychotherapy", Journal of Near-Death Studies 22/4 (2004)

Moody, AR., Leben nach dem Tod. Reinbek: Rowohlt (1977)

Nicolay, J., „Nahtoderfahrungen in der Psychotherapie", in: Serwaty, A, J. Nicolay (Hrsg). „Impulse für das Leben aus Nahtoderfahrungen", Goch: Santiago (2011)

Permanschlager, P., „Nahtoderfahrungen und ihre Nachwirkungen. NTEs und ihr transzendent psychisch-spirituelles Transformationspotential: Theorie und Empirie", Saarbrücken: VDM Verlag Dr. Müller (2009)

Peschel, HW., „Grundlagen für die Psychotherapie und Beratung von Nahtoderfahrenen", Bewusstseinswissenschaften 1 (2013)

Rommer, BR., „Der verkleidete Segen. Erschreckende Nah-Todeserfahrungen und ihre Verwandlung", Goch: Santiago (2004)

Schröter-Kunhardt, M., „Nah-Todeserfahrungen", Transpersonale Psychologie und Psychotherapie 2 (2005)

Sutherland, C., "Transformed by the Light. Life after Near-Death Experiences", London: Bantam (1992)

Underhill, E., „Mystik. Eine Studie über die Natur und Entwicklung des religiösen Bewusstseins im Menschen", Bietigheim: Turm (1928)

van Lommel, P., „Endloses Bewusstsein. Neue medizinische Fakten zur Nahtoderfahrung", Düsseldorf: Patmos (2009)

van Lommel, P, R. van Wees, V. Meyers, I. Elfferich, "Cardiac arrest – a prospective study in the Netherlands", The Lancet 358 (2001)

**Prof. Dr. med. habil. Dr. rer. nat. Wilfried Kuhn**, Facharzt für Neurologie und Psychiatrie, Promovierter Chemiker, Hochschullehrer, Chefarzt der Neurologie im Leopoldina-Krankenhaus, Schweinfurt. Langjährige Beschäftigung mit Grenzerfahrungen zwischen Wissenschaft u. Spiritualität. WKuhn(at)leopoldina.de

**Dr. med. Dipl. chem. Eugenia Kuhn**, Fachärztin für Psychosomatische Medizin und Psychotherapie, Naturheilverfahren/Akupunktur. Diplomchemikerin. Lehrerin für Qigong und Achtsamkeits-Meditation (MBSR). Kassenarztpraxis in Schweinfurt. eugeniakuhn(at)t-online

## Buchbeiträge von Prof. Dr. Dr. Wilfried Kuhn

 „Neurobiologie der Nahtoderfahrung", in: „Nahtoderfahrung – Neue Wege der Forschung" Santiago (2009)

 „Neurobiologie spiritueller und religiöser Erfahrungen", in: „Begegnung mit Gott" Santiago (2010)

 „Die Out-of-Body-Erfahrung - Halluzination oder Realität?", in: „Nahtoderfahrungen und Bewusstseinsforschung" Santiago (2013)

 „Out-of-Body", in: „Seele oder Hirn? – Vom Leben und Überleben der Personen nach dem Tod" Aschendorff (2012)

 „Rätsel Nahtoderfahrung – Neurobiologische Erklärungsmodelle und ihre Grenzen", in: „Nahtoderfahrungen – Eine Herausforderung für Theologie und Naturwissenschaft" LIT (2013)

# Das Netzwerk Nahtoderfahrung e.V. (N.NTE)
## – German Friends of the International Association
## for Near-Death Studies (IANDS) –

Anders als in Amerika gab es in Deutschland lange Zeit kein organisiertes Forum für die seriöse Diskussion der vielfältigen natur- und geisteswissenschaftlichen Aspekte von Nahtod- und vergleichbaren Erfahrungen.

Daher gründeten Alois Serwaty, Sabine Mehne und der Mathematiker und Naturwissenschaftler Professor Dr. Günter Ewald im Jahre 2004 das Netzwerk Nahtoderfahrung (N.NTE). Dieses hat die Rechtsform eines eingetragenen Vereins. Die Gemeinnützigkeit ist anerkannt. Wir sind Partner von IANDS, USA.

Mitglieder im Netzwerk Nahtoderfahrung sind Menschen aus unterschiedlichen Berufen, Konfessionen und Lebenswelten, darunter Mediziner, Natur- und Geisteswissenschaftler, Menschen mit Nahtoderfahrungen und Interessierte aus Deutschland, Österreich und der Schweiz. Eine lokale Studiengruppe gibt es zurzeit in München.

Unsere Ziele sind:

1) Wir wollen den interdisziplinären Dialog der vielfältigen natur- und geisteswissenschaftlichen Aspekte dieser Erfahrungen fördern.

2) Wir wollen eine verlässliche Informationsquelle auf einer wissenschaftlich fundierten Basis für die Öffentlichkeit sein, und

3) Wir wollen Ansprechpartner für Menschen mit diesen Erfahrungen und für Interessierte sein.

Aus unserer Sicht bleiben diese Erfahrungen offen für sehr unterschiedliche kulturelle, philosophische und religiöse Interpretationen. Allerdings lehnen wir einseitige und vereinfachende Deutungen ab.

Wir veranstalten Seminare und Tagungen mit namhaften Referentinnen und Referenten. Dreimal jährlich geben wir einen Informationsbrief über Forschungsergebnisse, aktuelle Literatur, mit Berichten über Nahtoderfahrungen heraus. In den Beiträgen der Tagungsbände des N.NTE werden unterschiedliche Aspekte dieser Erfahrungen aufgegriffen.

Sie können sich als Nahtod-Erfahrene(r), als Mediziner/-in, Wissenschaftler/-in, oder Interessierte(r) in die Arbeit des Netzwerkes einbringen. Kontakt und Information:

**Netzwerk Nahtoderfahrung e.V., c/o Alois Serwaty**,
Borgheeserweg 90, 46446 Emmerich/Rhein, Tel. + 49 (0) 2822-3375
netzwerk-nahtoderfahrung(at)t-online.de – www.netzwerk-nahtoderfahrung.org

# Aktuelle Bücher von Prof. Dr. med. Walter van Laack

## 1. Deutschsprachiger Roman:

**Unser Schlüssel zur Ewigkeit**
ISBN 978-3-936624-16-8, Taschenbuch (SC), 316 S. (2015), 18,00 €
ISBN 978-3-936624-27-4, E-Book (2015)

## 2. Deutschsprachige Sachbücher

**Mit Logik die Welt begreifen**
ISBN 978-3-936624-04-5, Taschenbuch (SC), 380 S., (2005), 29,80 €
ISBN 978-3-936624-07-6, Festeinband (HC), 380 S. (2005), 39,80 €
ISBN 978-3-936624-23-6, E-Book (2013)

**Wer stirbt, ist nicht tot!**
ISBN 978-3-936624-12-0, (SC), 272 S., (Neuauflage 2011), 24,80 €
ISBN 978-3-936624-13-7, (HC), 272 S., (Neuauflage 2011), 35,00 €
ISBN 978-3-936624-21-2, E-Book (2013)

**Eine bessere Geschichte unserer Welt**

**Band 1, "Das Universum"**
ISBN 978-3-8311-0345-4, (SC), 196 S. (2000), 15,80 €
**Band 2, "Das Leben"**
ISBN 978-3-8311-2114-4, (SC), 248 S., (2001), 17,80 €
**Band 3, "Der Tod"**
ISBN 978-3-8311-3581-3, (SC), 276 S., (2002), 19,80 €

**Der Schlüssel zur Ewigkeit**
ISBN 978-3-9805239-4-3, (HC), 288 S.,1. Aufl. (1999), 24,80 €
ISBN 978-3-89811-819-4, (SC) , 288 S., 2. Aufl.. (2000), 17,80 €

**Plädoyer für ein Leben nach dem Tod und eine etwas andere Sicht der Welt**
ISBN 978-3-89811-818-7; (SC), 448 S., 2. Aufl. (1999/2000), 22,90 €

## 3. Deutschsprachige Tagungsbände

**Schnittstelle Tod – Wo stehen wir nach 40 Jahren NTE-Forschung?**
ISBN 978-3-936624-30-4, Taschenbuch (SC), 92 S., (2016), 14,00 €
ISBN 978-3-936624-32-8, E-Book (2016)

**Schnittstelle Tod – Was spricht für unser Weiterleben?**
ISBN 978-3-936624-19-9, Taschenbuch (SC), 100 S., (2014), 14,00 €

**Schnittstelle Tod – Warum auf ein Danach vertrauen?**
ISBN 978-3-936624-14-4, Taschenbuch (SC), 120 S., (2012),15,00 €

**Schnittstelle Tod – Aufbruch zu neuem Leben?**
ISBN 978-3-936624-10-6, Taschenbuch (SC), 148 S., (2010), 19,80 €

# 4. Books in English language:

## Our Key To Eternity (Novel)
ISBN 978-3-936624-18-2 (SC), 308 p. (2016), 18,00 €
ISBN 978-3-936624-31-1, E-Book (2016)

## To Perceive The World With Logic
ISBN 978-3-936624-08-3, Softcover (SC), 340 p., (2007), 29,80 €
ISBN 978-3-936624-09-0, E-Book (2008)

## Nobody Ever Dies!
ISBN 978-3-936624-03-8, (SC), 272 p., (2005), 24,80 €
ISBN 978-3-936624-22-9, E-Book (2013)

## A Better History of Our World

### Vol. 1, "The Universe"
ISBN 978-3-8311-1490-0, (SC), 188 p. (2001), 15,80 €
### Vol. 2, "Life"
ISBN 978-3-8311-2597-5, (SC), 236 p. (2002), 17,80 €
### Vol. 3, "Death"
ISBN 978-3-936624-01-4, (SC), 276 p. (2003), 19,80 €

## Key To Eternity
ISBN 978-3-8311-0344-7, (SC), 256 p. (2000), 17,80 €

**Vertrieb durch:  BoD, Book-on-Demand**
In de Tarpen 42, 22848 Norderstedt
Fax      040-534335-84
Web:    www.bod.de
Email:  info(at)bod.de

für:

**van Laack GmbH, Aachen, Buchverlag**
(HRB-Aachen 5584)

Geschäftsführer: Prof. Dr. Walter van Laack
Gesellschafter:
Dr.-Ing. Dipl.-Wirt.-Ing. Alexander van Laack, Martin van Laack, M.Sc.,
Prof. Dr. Walter van Laack

Roermonder Str. 312, 52072 Aachen
Fax:    03212-9319310
Web:    www.van-Laack.de    www.vanLaack-Buch.de
Email:  webmaster(at)van-Laack.de